# TÚ ERES DIOS

## Y TU MARCA PERSONAL, TU RELIGIÓN

# TÚ ERES DIOS

## Y TU MARCA PERSONAL, TU RELIGIÓN
### EDICIÓN 10ºANIVERSARIO

## ECEQUIEL BARRICART
### PRÓLOGO PILAR JERICÓ

Ediciones  Eunate

Diseño de cubiertas: YOU MEDIA
Maquetación interior: Beatriz Menéndez - Voilà Ilustración

© 2024 Ediciones Eunate
e-mail: eunate@eunateediciones.com
www.eunateediciones.com
© Ecequiel Barricart
ISBN: 978-84-7768-489-3
DL NA 436-2024
Impreso en Navarra-España

*A todos los que, después de leer este libro,*
*os tatuasteis vuestra marca en la piel.*

*A mi mujer Itziar y a nuestros
hijos Ecequiel y Samuel.*

# Índice

# 10 años después

*Tú eres dios* es posiblemente uno de los libros más poderosos que puedas leer. Hablo del poder auténtico, aquel que es invencible: El poder de ser uno mismo, de comprender que estamos aquí para brillar. Para acceder a dicho poder solo hay un camino: el AMOR. Así de simple. Y este libro es su puerta de entrada, que está más vigente que nunca diez años después.

Hace una década, el mundo estaba atravesando una profunda crisis económica. El ánimo colectivo estaba tirado por el suelo. Fue entonces cuando Ecequiel dio el paso como escritor. Con su primer libro, *Tú eres dios*, dio a conocer al gran público parte de su alma, y con él nos abrió los ojos a muchos profesionales y empresas hacia el camino al éxito, entendido este, no como un resultado buscado, sino como una expresión de un proceso más profundo de conexión con nosotros mismos. Ecequiel nos ayudó a recordar que somos dioses, únicos, irrepetibles y con la gran capacidad de aportar desde nuestra esencia. Solo desde ahí creamos marcas que se convierten en religiones y nos las tatuamos en nuestra piel. En el proceso necesitamos quitarnos capas de cebolla. Necesitamos desmontar creencias sobre el mundo de los «deberías» (cómo debería ser mi empresa, cómo debería ser yo como profesional) y regresar al camino del ser. Recuperar nuestros sueños, pensar a lo grande y atrevernos a ser libres para intentarlo.

*Tú eres dios* es un manifiesto rockero, valiente, práctico, lleno de sentido del humor y de claves inspiradoras. Y también es como un buen vino. Con el paso del tiempo, ha ganado más cuerpo, más sentido. Es más necesario que nunca en un mundo tan tecnológico y plagado de redes sociales y de postureos de todo tipo. A medida que vamos a ir automatizando procesos y la inteligencia artificial se vaya adentrando en nuestras vidas, vamos a necesitar más abrazos físicos y emocionales, de personas y de marcas. El mundo necesita más humanismo y autenticidad. Y todo ello se logra a través de lo que Ecequiel recoge en este magnífico libro: desde la voluntad de convertirnos en dioses. Lo que aquí escribe funciona y mucho. Recoge el éxito durante años de su agencia You Media, de crear marcas sexis, creativas y con sentido a través de remover conciencias y de impulsar sueños. Y refleja también una filosofía de vida que trasciende el mundo de los negocios, desde un estilo que lo hace único.

Ecequiel es un activista en el mundo de la empresa y solo lo puede ser quien realmente se siente libre ante cualquier convencionalismo. Es un hombre que sabe disfrutar de cada instante y sacarle partido a cada situación que vive. Acaricia el cielo con sus diseños, sus proyectos y acompañando a sus seres queridos; y aprende de los momentos difíciles cuando le ha tocado atravesarlos. Es un queridísimo amigo, que tuve la suerte de conocer hace 18 años, y una de las personas más importantes para mí. Disfruto siempre de su conversación y quiero que forme parte de todos los proyectos relevantes en los que me embarco: diseña las marcas de mis empresas, de mis libros y me ayuda a recordar ese dios que llevamos dentro y que, a veces, por avatares de la vida, se nos olvida.

En diez años Ecequiel ha cambiado algunas cosas. Ha hecho carreras extremas en bici por el desierto, ha crecido aún más como profesional y como persona y no ha perdido ni un gramo de ilusión ni de pasión por su trabajo. Es más. Ahora su entusiasmo es más intenso y sereno que nunca, desde la sabiduría que aporta la edad. Y este libro, revisado diez años después, recoge todo ello: su gran amor por lo que hace y la propuesta valiente para hacernos recordar que somos dioses y nuestra marca personal, nuestra religión.

Gracias, Ecequiel, por invitarme a participar en este libro y por tu amistad a lo largo de estos años. Formo parte de tu club de fans y de las personas que te quieren mucho.

**Pilar Jericó**
*Presidenta de beUp, escritora y conferenciante.*

## ¿Qué hacer con tanto amor?

Han pasado diez años desde que escribí *Tú eres dios y tu marca personal, tu religión.* Desde entonces y hasta hoy, cada día siento una gratitud inmensa hacia él y hacia todas las personas que siguen utilizándolo para diseñar y crear sus marcas desde la verdad y el amor.

Todos estos años he recibido fotografías y testimonios de todas partes del mundo. He comprobado con emoción cómo muchos nuevos dioses se tatuaban sus marcas literalmente en la piel de su cuerpo como huella indeleble de su compromiso consigo mismos; casos de valientes que han reconducido sus vidas profesionales y personales después de su lectura, desde un lugar mejor, más sano, más bello, más trascendente.

¿Qué hacer, entonces, con tanto amor? La respuesta es esta nueva edición que tienes en tus manos, que es fundamentalmente el mismo libro, pero revisado y actualizado para seguir preservándolo en el tiempo. Cambian algunos aspectos formales, algunos textos que he reescrito para favorecer su comprensión y otros de los que he prescindido por su carácter temporal. Cuando lo escribí, por ejemplo, existía Google+ y X se denominaba Twitter (esto lo he mantenido); era importante poner el foco de forma más o menos pedagógica en las recién llegadas redes sociales, porque había algunos aspectos en los que valía la pena detenerse, pero que hoy ya han sido superados por todos. La idea, en definitiva, ha sido prescindir de todo lo que nos alejaba o distraía de la creación y significado de una marca personal desde la esencia. Sin duda esta ha sido y es la clave del libro.

Al hilo de esto, también he tenido la tentación de ampliar su contenido debido al increíble momento en el que nos encontramos en términos de innovación y tecnología. Gracias a los Metaversos o Realidad Inmersiva nuestra marca ha pasado a ser una marca binaria que empieza a desenvolverse, además de en el mundo físico, en el mundo virtual, como avatar. Otros sucesos, como la Blockchain o la Inteligencia Artificial, están abriendo caminos increíbles que nos afectan como marcas y que conviene destacar; pero, como digo, he preferido preservar la esencia del libro porque esta es capaz de convivir con todos los acontecimientos y sobrepasar cualquier contexto.

Diez años después, han pasado muchas cosas en mi vida, otras han cambiado, incluso algunas que nombro en la primera edición del libro carecen de actualidad; sin embargo, me encanta honrar el momento en el que se escribió y, en la mayor parte de los casos, no las he tocado.

En síntesis, sigo siendo director creativo de mi agencia YOU MEDIA, actividad que combino con otras guerras e implicaciones creativas. He escrito desde entonces varios libros más y recorrido muchos escenarios difundiendo mis creencias en torno a la capacidad que tienen las marcas y la creatividad de colaborar con un mundo mejor. Cada día me siento más involucrado con un activismo radical, aunque pacífico, que llame la atención y provoque acciones reales que potencien al ser humano frente a un mundo cada vez más mediocre, insípido y antiestético.

Soy dragón, soy mi marca, soy amor y sigo en guerra.

## Introducción Primera edición (2014)

He pensado mucho qué separa del éxito a las marcas personales en estos últimos años. Principalmente he llegado a la conclusión de que las marcas que han alcanzado cierta notoriedad son aquellas que nacen del yo interior de la persona y no de su exterior. Aquellas marcas que surgen de la naturaleza del ser humano y no aquellas que están creadas desde el entorno que los limita.

Una segunda conclusión a la que he llegado ha sido que las marcas personales deben ser capaces de nacer al mercado sin miedo, sin ataduras y saltándose las convenciones, para poder conquistar su visión.

Y por último, que el modelo de éxito de las verdaderas marcas personales jamás ha estado impulsado por cuestiones relativas al dinero, las posesiones, el poder o la fama. Está impulsado por la necesidad de trascender como persona en la vida, a través de la creatividad. Las demás cuestiones, en todo caso, han sido consecuencia de ello.

Vivimos en un mundo confuso, donde la persona deja de tener identidad para convertirse en una masa, perdiendo dicha identidad en favor de la generalidad. No me gusta. Creo que las personas, como individuos singulares, deben aprovechar su talento individual para colaborar en la creación colectiva de un mundo mejor. Este es el reto del mundo en el que vivimos: luchar contra la mediocridad desde el liderazgo del talento y la creatividad.

La experiencia en distintos ámbitos de la comunicación desde muy temprana edad me ha permitido acumular un pensamiento particular respecto a la marca corporativa y a la marca personal. He trabajado para innumerables marcas personales de casi todos los sectores: medios de comunicación, política, empresa, cultura. Desde el año 2000, a través de mi empresa de comunicación líquida y diseño YOU MEDIA (www.youmedia.es), he desarrollado un pensamiento y metodologías propias que hoy pongo en tu conocimiento para que puedan serte útiles en tu nacimiento como marca.

Mi intención es que este libro te sirva para tomar la decisión de crear tu marca personal desde el único lugar que considero válido: tu interior, tu naturaleza íntima. Que puedas acercarte a los conceptos que son indispensables para que esta sea verdadera y poderosa; y, en última instancia, ofrecerte las herramientas para crearla.

En la conquista personal de nuestra marca, todos necesitamos una base intelectual sobre la que fundamentar nuestro pensamiento y principios. Esto ocurre en las marcas personales, en las corporativas, las de producto e incluso en los ecosistemas que habitamos.

Un ejemplo de ello es el propio ecosistema de Silicon Valley en San Francisco, cuna de la innovación y el emprendimiento. La influencia en los años sesenta de personas como Alan Watts o Shunryu Suzuki y el movimiento ZEN de SFO fueron determinantes en todos los ámbitos de la creatividad para hacer de esta parte del mundo lo que hoy es conocido por todos. Quizá el minimalismo implícito en los primeros iPods para ti sea una licencia de diseño que se permitió Apple. Sin embargo, el círculo icónico desde el que se manejaba el aparato y la inexistencia de artificios eran fruto de la influencia Zen en su creador, Steve Jobs, y de su obsesión por la simplicidad.

Vivir el aquí y el ahora, encaminar la ideación a la acción, compartir el conocimiento entre las personas, colaborar, co-crear juntos, siguen siendo atributos fundamentales de aquel germen intelectual que hoy ha fertilizado otros ecosistemas de innovación en todo el mundo.

Miles de personas están alejándose de un modelo de marca orientado al éxito convencional y están tomando conciencia del poder que albergan en su interior. De la utilidad que su talento tiene en el sentido de su vida, en el de su trabajo y en el de su entorno. Cuando los modelos creados desde la superficie y la especulación están fracasando precisamente por su falta de valores, es el individuo el que debe liderar con su marca y asumir el riesgo de cambiar su vida e influir positivamente en la de los demás.

«Ser caballo y no carroza» es una frase que escuché decir a Alex Castellarnau en IDEO San Francisco, cuna del *Design Thinking* y de algunos de los proyectos más innovadores de los últimos tiempos. Una frase que se me quedó grabada a fuego en 2010 después de visitar diversas empresas tecnológicas y espacios de aprendizaje como Google, LinkedIn, Twitter, la Universidad de Stanford, el propio Ideo, Impact Hub y diversas startups.

Mi propuesta es que tú también seas «caballo», que salgas de tu zona de confort si estás en ella y que apuestes por el poder de tu talento interior. Que tomes el control y, a partir de ahí, hagas de ti una marca personal que conquiste tu propia felicidad. Si lo consigues, nos beneficiaremos el resto de la humanidad.

Construir tu marca, más allá de parecer un ejercicio de vanidad y apego, es todo lo contrario. Sólo podrás tener una marca relevante si la creas desde la generosidad, el desapego, la humildad y la verdad.

Paradójicamente si lo haces así, si no buscas el éxito por el éxito, este vendrá a ti sin medida.

# PARTE 1.
# PRINCIPIOS FUNDAMENTALES

## REALMENTE DIOS SOY YO

La única verdad suprema es que yo existo, por tanto, en tanto única verdad suprema: YO SOY DIOS. Este es el único principio fundamental e irrebatible que tengo claro. Todo lo demás es cuestionable, discutible, difuso. Ni siquiera tengo la certeza de que tú (lector) existas. Sin embargo, no me queda más remedio, antes de continuar, que establecer un segundo principio no irrebatible pero sí «necesario», y es que tú también existes, por tanto, TÚ TAMBIÉN ERES DIOS. Y esto debe ser así porque, de lo contrario, no tendría sentido escribir este libro, sería absurdo.

Intentamos comprender la vida y no lo logramos; de hecho, las mejores mentes de la humanidad lo han intentado y no han podido encontrar certezas, quizá expresiones de esta, pero siempre desde la intuición o la filosofía. Gracias precisamente a la filosofía, sin embargo, he llegado a la conclusión de que el cerebro humano no tiene la capacidad de comprender la vida, pero sí de dotarla de sentido. Los humanos generamos un montón de teorías para justificar nuestra existencia

# TÚ TAMBIÉN ERES DIOS.

y poco a poco nos damos cuenta de que ninguna es válida, al menos desde el punto de vista racional. Por ello, es mejor vivirla «con sentido» y esperar a pedir explicaciones, si eso, en el Más Allá.

Al principio pensé que autoproclamarme «dios» podría no entenderse, resultar pedante y, por tanto, no lograr transmitir la filosofía del desapego, humildad y sencillez que practico. Sin embargo, asumo el riesgo de que seas una ameba venida a más y no comprendas que esta afirmación la hago desde una realidad filosófica absolutamente alejada de la vanidad. La digo porque pienso que todo existe en tanto y cuanto yo existo, mi mente le otorga un lugar y mi corazón un sentido. Si yo no existo, no existe nada, o lo que es lo mismo, a partir de ahora, si tú no existes, nada existe.

Cierra los ojos, ábrelos, todo lo que ves es fruto de tu creación. Si tú no existes nada existe, todo está ahí porque tú lo has alimentado y dotado de sentido.

Hay dos principios más que debo asumir como necesarios para continuar con el libro, en los que tampoco creo pero que debo sumar al principio necesario de tu existencia: vas a morir y tienes talento.

Sinceramente creo que la muerte está sobrevalorada y carece de fundamento. Desde el fondo de mi corazón tengo la certeza de ser eterno. Incluso racionalmente podría aportar que, si el ser humano nace con sed es porque existe el agua. Y, siendo así, sería una tontería nacer con sed de vida si no existe la eternidad. Pero bueno, necesito que en algún momento mueras, como digo, para justificar mi libro, por tanto, entendamos esta circunstancia como otro «principio necesario».

Por último, la cuestión del talento.

Todos poseemos talento y la capacidad de desarrollarlo. Es verdad que muchos viven en una zona de confort en la que no les es necesario activar esta funcionalidad porque prefieren habitar la mediocridad: «Pacaaaa, la cerveza que empieza el *fúlbol*». Ya me entiendes... Sin embargo, la realidad es que si cualquier persona se empeña en ser más o menos brillante en una actividad, lo puede conseguir con trabajo y constancia. Por tanto, vamos a dar por hecho que el talento es algo innato al ser humano y que tú, como el resto, lo tienes y lo utilizas.

Hecha esta introducción y, a modo de resumen, contamos con tres principios necesarios para iniciar juntos un camino hacia tu marca personal: Eres dios, aunque seas dios vas a morir y tienes talento.

¿Qué hacemos con esto? La opción que te propongo es: ya que vamos a vivir y hemos quedado en que podemos dar un sentido a nuestras vidas, hagamos de nosotros mismos una marca sexy que motive nuestra existencia e inspire a quienes nos rodean.

## LA VOLUNTAD DE SER DIOS

Ser dios es liderar. Ser dios es tener una marca personal que es tu religión, ser dios es tener fieles a los que inspirar o guiar. En una palabra, ser dios es trascender.

¿Qué no es ser dios? Ser un hortera. ¿Qué es ser un hortera? Pensar que el éxito de tu marca personal radica en ser millonario, famoso y estar rodeado de palmeros.

El éxito, según lo concibo, es simplemente ser feliz o acercarse en todo caso a eso que entendemos las personas como felicidad. El resto, lo del dinero, salir en la tele y demás, puede ser en todo caso una consecuencia compatible con la felicidad. Por ejemplo: «El monje que vendió su Ferrari...». Yo nunca lo hubiera vendido. Se puede ser monje y poseer un Ferrari, ¿dónde está el problema? El problema surge cuando el Ferrari te conduce a ti y no tú a él.

El éxito desde la superficie es una habitación llena de cosas carísimas que no hacen compañía. El mapa mental que hemos construido en torno al éxito hace que comulguemos con la política de la acumulación y no con la poética de la utilidad de las cosas conseguidas. Sacrificamos nuestra marca personal por la identidad que requiere un ego que siempre se equivoca. El ego es una construcción tóxica de nuestra mente, tan poderosa que puede cambiar la escala de valores de tu vida y poner por delante de tu felicidad una vida absurda, no buscada y ni siquiera deseada.

No debes sentirte mal por ansiar un Ferrari, pero lucha por conseguirlo porque te gusta su conducción, recorrer las carreteras con él, la sensación que te produce revolucionar su motor y escuchar como ruge, el tacto de sus asientos de piel, la estética de su diseño, el rojo icónico de su carrocería. Si quieres tener un Ferrari para lucirlo cuando aparques frente a la discoteca de moda de turno y llamar la atención, lo mejor que puedes hacer es quemarlo antes de que te conviertas en su esclavo y en un estúpido sin remedio.

Es lo que denomino el «más sin porqué». Está bien tener ambición siempre y cuando la dotemos de un sentido que la haga saludable. Lo contrario es llegar a un punto donde todo el trabajo no haya valido la pena porque el éxito que hayamos alcanzado sea inferior al coste que ha supuesto para nuestras vidas. Debemos honrar lo que anhelamos y luchar por ello, perseguir nuestras metas y objetivos; pero debemos asegurarnos de que todo eso responde a nuestra verdadera naturaleza, al deseo de nuestro ser interior y no de nuestro ego. Debemos honrar lo que somos y lo que aspiramos a ser sin dejarnos contaminar por nuestra vanidad o, peor, por lo que otros han decidido que debemos ser.

Ser líder es ser dios e implica tener muy claro el rango de valor del éxito, donde ese valor radica en nuestra capacidad de ser felices y honestos con nosotros mismos. Las miserias humanas o materiales, son cuestiones que debemos asumir y gestionar, pero en ningún caso dejar que se apoderen de nuestras vidas y la condicionen.

Hay un dios en el interior de cada uno de nosotros que espera a ser descubierto. El éxito se basa en descubrirlo y conquistar tu vida.

Fíjate ahora en las monjas de clausura, los monjes budistas que viven para y por la meditación, los cooperantes del Tercer Mundo que dan su vida por los demás en entornos de miseria absoluta. Cuando hablas con ellos, son personas que irradian felicidad, su energía es pura luz; por el contrario, es muy difícil ver esta luz en ejecutivos «de éxito» que, pese a tener retribuciones millonarias, casi siempre tienen la cara desencajada, viven atenazados por el miedo a caer desde las alturas y a quienes se les hace muy duro mirarse al espejo sin tomarse antes un Lexatín. Yo siempre quise ser rico, pero después de conocer a unos cuantos, me di cuenta de que serlo no te hace necesariamente feliz, así que dejé de obsesionarme con ello, y, si bien no me disgustaría, como digo, no me obsesiona.

*[PAUSA: Hace unos días una amiga vino de la India. Había decidido pasar un tiempo ayudando en una de las casas de acogida de la congregación de la Madre Teresa de Calcuta. Estuvimos charlando un rato. Me dijo que había pasado los días recogiendo recién nacidos abandonados en contenedores y calles. Algunos vivos y otros malheridos o muertos. Me contaba la tremenda experiencia que había supuesto para ella rescatar de la basura a bebés con sus propias manos esperando que todavía respiraran.*

*Sus ojos brillaban, jamás hubiera cambiado ese tiempo en la India por unas vacaciones en un resort de Miami con la pulserita del todo incluido.]*

Para ser dios y tener una marca de éxito debemos partir del «yo interior». No se puede liderar este proceso desde la superficie, y esto para mí es consustancial a todos los casos de éxito en los que he tenido la oportunidad de trabajar o que he conocido.

Si quieres tener una marca personal de éxito debes quitarte todas las capas de cebolla que te alejan del camino hacia la felicidad y quitar el poder a tu cerebro.

La mayoría de las personas piensan que «su yo» es «su cerebro», desgraciadamente muchas de estas personas no alcanzan a entender que este «yo-cerebro» que capitanea su vida es tan solo un órgano como lo puede ser el páncreas o el hígado. Un cerebro contaminado es el mayor enemigo que puedes llegar a tener. Te puede destrozar la vida sin que te des cuenta, y darte cuenta es difícil; porque la mayoría, me atrevería a decir, no sabe distinguir entre lo que uno es y lo que su mente le hace creer que es.

Para crear tu marca personal desde el interior es necesario que comprendas la diferencia entre el «yo» y el «yo interior». El «yo interior» eres tú sin la afección de tu cerebro emocional y racional. Cuando aquietas el cerebro, te desprendes de él y de los mapas mentales que condicionan tu pensamiento y, por tanto, tus acciones. Si te liberas de ellos, comprobarás cómo tu naturaleza responde a otros patrones de comportamiento mucho más sanos y constructivos. El ser humano por naturaleza es bueno, en su interior reside un talento puro y útil para su vida y la sociedad. El cerebro es un órgano que nos ha sido dado para gestionar esa bondad y ese talento a través del raciocinio y de las emociones. El problema surge cuando ese cerebro se contamina o enferma por el estrés, la ansiedad y demás, que nos van acompañando a lo largo de nuestra vida. Es en este momento cuando el «yo interior» cede su presencia al cerebro y empieza a acumular «capas de cebolla» o un equipaje que dista de su naturaleza maravillosa. Cuando la mente tóxica toma el control y vive gestionando capas de cebolla o una mochila llena de responsabilidades y deberes estúpidamente adquiridos, es cuando nos distanciamos de nuestra verdadera naturaleza, de la bondad y de nuestro talento.

Te pongo un ejemplo sencillo para que puedas entender mejor la relación entre «yo interior», cerebro y «capas de cebolla» en base a nuestra actitud frente al fracaso, llámese un despido, el cierre de tu propia empresa o un proyecto fallido.

Cuando algo se tuerce en tu vida primero salen al escenario las «capas de cebolla». Estas son los miedos, el qué dirán, la angustia vital, la falta de alternativas, el vacío, los pensamientos paralizantes. «Es el fin, se ha acabado...». Surge el estrés.

El estrés impacta directamente en el cerebro, que entra en escena para gestionar la situación. Si tu cerebro está sano, será capaz de afrontar cualquier amenaza tomando conciencia de tu «yo interior», tirando de talento y valores, encontrando así una solución adecuada que contrarreste el ataque de tus pensamientos tóxicos. Si no es así y tu cerebro enfermo se deja contaminar por sus «capas de cebolla», te alejará de tu yo interior, aquel que posee la capacidad de afrontar con determinación lo sucedido, y te conducirá a la siguiente estación, que puede que sea la ansiedad o quizá una depresión. Es aquí donde debemos comprender que nuestro cerebro es nuestro mejor aliado, pero que tenemos que cuidarlo en todo momento, como cuidamos, algunos, nuestro riñón o el corazón para que puedan ser útiles cuando se les precise.

Un cerebro sano gestiona el estrés sin permitir que vaya a más y conecta cualquier amenaza con nuestra mejor versión y capacidades, aquellas que provienen de nuestro «yo interior», ese que es capaz de afrontar cualquier crisis a partir de una lectura serena de las circunstancias que lo rodean. «Si fui capaz una vez, podré hacerlo de nuevo», «realmente, si al fracasar me he quedado sin amigos, estos no lo eran tanto», «voy a intentar aprender de lo sucedido para no caer de nuevo en los mismos errores». «Pero ¿realmente era feliz en mi vida anterior?», «¿por qué no aprovecho para renacer y ser feliz ahora que tengo que empezar de nuevo?». Momento preguntas, momento respuestas desde el desapego, la tranquilidad y la relatividad de las cosas. Ese es tu «yo interior», una consciencia que existe más allá de tu cerebro y de sus «capas de cebolla».

Tengo un amigo empresario que, inmerso en una crisis importante de su empresa, me dijo: «Ecequiel, desde que estoy arruinado, amo más a mi mujer». Pues sí, cuando lo pierdes todo, queda lo importante: amar, sentir de verdad la vida, evitar lo accesorio para centrarte en lo que de verdad importa. Es el mejor momento para repensar tu marca desde tu yo interior, sin capas de cebolla, de la mano de un cerebro sano; aunque no es necesario llegar a ello, es decir, intenta no arruinarte, claro.

Poseer una marca desde el «yo interior» es no tener miedo, porque ha sido creada desde tus valores innatos y estos siempre son los mejores aliados para conquistar cualquier reto, por muy complicado que parezca; o reconducir cualquier situación, por muy adversa que esta sea.

Fíjate en las grandes marcas de la historia, todas han tenido un denominador común: la relatividad. Todos los grandes hombres y mujeres tienen una capacidad increíble de relativizarlo todo y ponerlo al servicio de su marca, convirtiendo su cerebro en una herramienta al servicio de su visión. De esta forma, no llegan a crear capas de cebolla que los limiten. Es genial. Son marcas que no tienen miedo porque saben que al final nada es tan importante.

*[PAUSA: Personalmente desconfío de las personas que han sufrido poco. Dicho de otra manera, siempre que conozco a una gran persona coincide que ha sufrido mucho y esto le ha hecho ser un ser humano increíble, sensible, compasivo, fuerte. El sufrimiento es algo a lo*

*que todos en mayor o menor medida nos enfrentamos en la vida. Mi experiencia es que acoger ese sufrimiento duele, pero da forma a nuestra alma y, haciéndolo, nos hace ser mejores personas. Cuando no damos cara a ese sufrimiento, lo evitamos o nos dopamos para insensibilizarnos frente a él, nos alejamos de nuestro yo interior y con ello nos alejamos de nuestro amor hacia nosotros mismos. El sufrimiento al que nos enfrentamos es purificador, el sufrimiento al que no nos enfrentamos es solo dolor que nos enferma y que nos aleja de nuestra mejor versión.]*

¿Qué hago con los fragmentos que han quedado de mí tras el huracán? Quizá leas este libro desde el sufrimiento, un fracaso reciente, un corazón agotado, quizá hayas perdido la fe en ti. Ten compasión contigo mismo, perdónate, permítete volver a intentarlo, bajo tus capas de cebolla y tu cerebro maltrecho hay un ser maravilloso que tiene derecho a ser feliz pese a todo. Haz de tu marca tu bandera, tu grito de guerra, tu lucha. No cedas. No podemos aspirar a una vida con sentido si nos mantenemos al margen del sentido de la vida. ¿Quién conduce tu marca, tú o tu cerebro? El cerebro es débil. Tú, invencible.

Te encuentres en el momento profesional o vital en el que te encuentres, es necesario que tomes conciencia de quién está pilotando tu vida, si «tú» o «tu cerebro», y reconozcas la situación. Para ello, toma conciencia, pon el foco en tu talento y en el valor añadido que puede aportar este a tu marca; y, desde ahí, reorienta tu carrera antes de que sea demasiado tarde. Tu marca no puede ser lo que las miserias de tu mente estresada quieren que sea. No puede ser una mochila cargada de innecesarias esclavitudes. Tu marca solo puede ser lo que tú eres de forma innata y te haga feliz. Tu marca no puede ser una no-marca.

¿Cuántas personas de las que creemos que tienen éxito son infelices teniéndolo aparentemente todo? Muchas, muchísimas, porque no han entendido este concepto y han dejado su vida en manos de su mente y no en las manos de su yo interior. Casos de marcas personales que han destrozado por ello su vida familiar, sus relaciones de amor y amistad. Que se sustentan en drogas, pastillas o cualquier adicción con tal de seguir hacia delante, porque su mente no les deja liberar su luz interior. Empresas sin alma, con una aparente gran marca corporativa, que queman a sus directivos y trabajadores no-marca porque ellos mismos no hacen valer su talento individual. Empresas que tienen un éxito tóxico en las que la gente brillante y con sentido común ya no quiere trabajar, porque la moneda de cambio es arrancarles el alma a cambio de un bonus y un viaje de incentivos.

En consecuencia, tu marca personal debe crearse desde tu «yo interior». Tú eres por naturaleza feliz y exitoso en ti mismo y ya está, lo demás es fruto de las divagaciones de tu mente estresada y caprichosa. «Yo soy feliz porque tengo un Ferrari.» Nooooooooo, tú eres feliz porque eres «tú», punto. «Yo soy infeliz porque trabajo de albañil y estoy gordo». «Que nooooooooooooooo». Tú eres infeliz porque no has entendido nada, la naturaleza del ser humano es la felicidad, punto. Hay albañiles gordos que conducen un Simca con 300 000 kilómetros que son felices porque saben quiénes son, viven desde su yo interior y no están a merced del miedo, el estrés o la ansiedad.

En fin, también te queda la opción de no pensar en nada de esto, formar parte de la masa, sacarte un carné de fútbol y canalizar tu existencia hacia el equipo de tu pueblo; cuando te dé por pensar en el sentido de tu vida, te tomas un copazo y ya está.

Por tanto, existen TU YO INTERIOR, TU CEREBRO y LAS CAPAS DE CEBOLLA. Adiestra tu mente racional y emocional para que esté al servicio de tu yo interior y no al contrario; y elimina todas las capas de cebolla que se interpongan en tu misión o guerra por ser feliz y alcanzar el éxito.

Si bien el cerebro es tu mayor enemigo, también hay que decir que, si tienes control sobre él, es tu mejor herramienta para abordar el éxito profesional y personal. La base de su utilidad, entre otras, se fundamenta en la gestión del estrés. De todos es sabido que el estrés es necesario para vivir. Es el que te mantiene alerta, el que gestiona tu motivación, el que te hace sentir vivo. Por todo ello, ponderar su presencia es lo adecuado. Podemos ser conscientes de que en determinado momento requerimos un cerebro que trabaje al cien por cien, porque es necesario terminar un proyecto, darlo todo en un escenario durante una actuación o conferencia, echar a correr como si no hubiera un mañana porque te persigue un pitbull, etc. No obstante, es necesario tener en cuenta que un órgano como el cerebro no puede mantenerse al cien por cien todo el tiempo.

La consecuencia de vivir constantemente bajo el estrés tiene su precio y siempre pasa por el fracaso y la enfermedad. El sobrestrés altera los recursos químicos necesarios para el correcto funcionamiento de los neurotransmisores de tu cerebro y debilita las defensas de tu cuerpo. La meditación, el deporte, una alimentación sana, en definitiva, una vida saludable es indispensable para una correcta gestión del estrés.

*[PAUSA: Si quieres valorar el alcance del daño que está haciendo el estrés en la sociedad actual y en el mundo de la empresa en concreto, cuando estés en el puente aéreo Madrid-Barcelona o Nueva York-San Francisco, grita en alto que te mueres, que necesitas un Trankimazín o, en su defecto, un genérico terminado en «zepam», y verás qué momentazo. Van a aparecer más pastillas que en la farmacia de uno que tenía muchas.]*

Nos acostumbramos a decir a todo que sí, a aceptar situaciones que no son beneficiosas para nuestra paz vital, a vivir rodeados de personajes que no te aportan nada y te quitan energía, a transigir con un modelo no deseado de vida en pro de un modelo deformado de lo que aspirabas a ser.

Yo adoro estar solo. Me gusta regodearme en la soledad de los hoteles, pasear por una ciudad con mi máquina fotográfica buscando texturas en las calles para mis diseños, tomarme un té verde chino en una terraza y observar tranquilamente la vida. Adoro mi soledad y me hace sentir bien porque entiendo que estar solo con uno mismo es muy difícil, y yo lo he conseguido. Para mí una marca debe nacer desde el amor y, por tanto, una marca personal debe nacer desde el primer amor, el que debes tenerte a ti mismo. ¿Cómo te sientes contigo mismo? Piénsalo.

Cuando trabajamos en mi agencia en una marca personal, me suelo encontrar que algunas veces la persona para la que realizamos el proyecto nos traslada que no le gusta cómo

# NO PUEDES SER DIOS SI ERES UNA CEBOLLA.

sale en las fotos, que su voz le parece horrible, que no quiere hacerse un vídeo de presentación porque le hace sentirse incómoda... En ese momento paramos las máquinas.

«¿Qué es lo que ocurre, amigo?». «¿Con cuántas capas de cebolla vienes?». No puedes ser dios si eres una cebolla.

Ser dios es una aceptación de lo que eres y de quién eres íntimamente. No quiere esto decir que seas guapo, pero sí que acojas tu fealdad como parte de tu grandeza. Eres dios y si no te lo crees no puedes liderar o inspirar a nadie con tu religión. Mírate al espejo, acéptate, no seas tan miserable de pensar que los kilos de más que tienes son una barrera entre tu yo interior y tu misión en el mundo. Y si esos kilos son mentales, medita, haz yoga o vete al psicólogo, pero supéralo. Necesito que sepas que eres único para entender tu religión y hacerte una web.

Deshazte de tus capas de cebolla, mírate entonces en el espejo y cambia lo que tengas que cambiar, hasta que te gustes o aceptes con humildad que así eres tú en tu naturaleza.

Dios no es perfecto. En términos orientales, los contrarios son necesarios para que puedas existir. Es la base del relativismo necesario para liderar desde el corazón.

Fíjate: tú, siendo feo, eres guapo. Me explico, tú eres feo si vas a una convención de modelos de Armani. Vale, puede que en tu caso seas también feo en una convención de loros. Pero seguro que si buscas bien el lugar donde eres útil al mundo, hasta tú puedes ser el guapo de la fiesta. Pon entonces tu foco ahí.

No obstante, profundicemos un poco más. Tú, que eres muy feo, das sentido a la belleza en este mundo. Para que existan los guapos, debéis existir los feos. Dicho de otra forma, si el planeta estuviera habitado solo por guapos, estos dejarían de ser guapos, puesto que al no existir la fealdad no habría un punto de referencia para la belleza. Asúmelo, no pasa nada, tiene que haber feos. Tiene un sentido cósmico que seas feo, acógete. Dios es único y no un llorón.

La mayoría de las cosas que te alejan de una marca personal sólida son tonterías, personas prescindibles que te absorben la energía, mapas mentales absurdos que crea tu mente enferma para boicotearte, tiempo perdido en miedos tóxicos al cambio, al fracaso, a tu propia aceptación.

*JESUS LIVES IN YOU, BUT NOT IN YOU, BASTARDS!* No olvides que eres dios, no pierdas el tiempo con excusas, no te sumes al desencanto, no te unas a la masa, no eres de esos. Todo lo que eres te hace único y lo que no, quémalo.

La creación de una marca personal pasa la mayoría de las veces por un cambio. De alguna manera el proceso te obliga a enfrentarte a cuestiones que no aportan valor a tu vida y de las que debes prescindir. Esto tiene sus consecuencias, como las tiene también incorporar nuevas variables o escenarios. Todo cambio genera irreversiblemente miedo. Es lícito, es así. Sin embargo, jamás he visto ningún proceso de cambio hecho honestamente y desde el interior que no fuera exitoso. Todos los cambios que han tenido como consecuencia un fracaso estrepitoso han sido los «cambios de postal», es decir, aquellos que no lo son y que se han producido nuevamente desde la superficie. No es posible que un cambio hecho desde «la verdad» genere una reacción negativa en tu vida: nunca. Este tipo de cambio es siempre reparador, nunca destructor. Puedes tener un tiempo de incertidumbre en la transición de un modelo a otro, pero más pronto que tarde, el cambio positivo será una realidad incuestionable que llegará para salvarte.

# JESUS LIVES IN YOU, BUT NOT IN YOU, BASTARDS!

Repito: jamás la construcción de una marca interior ha conducido a nadie a un lugar peor del que partía.

Por tanto, toma las riendas de tu vida antes de hacer tu marca personal o sírvete de ella para hacerlo. Sé valiente, confía en tu talento. Nada es tan importante como la voluntad de ser dios en un mundo que tú puedes cambiar para que sea un mundo mejor. Somos marcas activistas que no nos conformamos con habitar el mundo que nos hemos encontrado. Queremos participar de su creación y poner nuestro talento al servicio de la felicidad como fin último de nuestra existencia y la del conjunto de la sociedad. Somos líderes, no jefes, ni asalariados, ni abogados, ni funcionarios, ni diseñadores, ni médicos, ni ejecutivos. Somos líderes de un mundo que es la suma del talento de todos quienes lo conformamos. Somos «creactivistas», miembros de la religión del «creactivismo».

«¿Hacemos ahora tu vídeo de presentación, amigo?». «¿Quieres ser dios?».

## DEL ARTE DE POSEER UNA MARCA

No creo en los liderazgos ejercidos desde la superficie, como te digo. No creo que puedas llegar a tener una gran marca si en ti no habitan unos valores puros, intelectuales y espirituales. Una marca creada desde el interior es indestructible. Una marca sin un ancla interior termina siendo con el tiempo un juguete roto.

El arte de crear una buena marca es que sea indestructible y para ello debe fundamentarse en la verdad y en la naturaleza interior de la persona. Las marcas fundamentadas en operaciones de marketing o asentadas en el ego nunca perduran. Y esto no tiene nada que ver con la sana ambición del reconocimiento o la valoración hacia tu persona o trabajo. El éxito que llega como consecuencia de «tu verdad» es orgánico y asimilable, el que llega en función de un artificio o en contra de «tu verdad» termina por ser un cáncer que ganará siempre la batalla.

Me gusta un pasaje oriental que habla de que el sabio es rico porque su corazón es de jade. Y un corazón de jade no se puede robar. ¿Cómo vas a robar a alguien algo si no tiene apego a nada exterior? «Yo soy famoso, tengo influencia, dinero, pero mi bien más preciado y sobre el que fundamento mi vida es mi corazón». Esta posición te hace invencible en el mercado, porque nadie te puede robar algo que no está a su alcance.

En el mercado siempre gana el que no tiene miedo a perder.

¿Cómo me vas a robar si yo ya te lo regalo todo? No es posible poseer una marca poderosa desde el miedo a perder. Es necesario crearla desde la generosidad y la humildad de tu verdad. Dar de forma incondicional, crear sabiendo que lo haces con todo tu corazón y que no esperas nada a cambio. Únicamente ser honesto contigo mismo y sentirte realizado. No esperar nada a cambio no quiere decir que no recibas nada, o que tener una buena marca personal no sea rentable. Todo lo contrario. Es como una especie de juego cósmico: si te centras exclusivamente en dar y en amar incondicionalmente, la vida te recompensa con creces. Si buscas desesperadamente la fama o el dinero, esta misma fuerza cósmica se encarga de ponerte en tu sitio rápidamente.

No te hablaré de otros, te hablaré de mí. En la década de 1990 tuve un grupo de pop-rock más o menos conocido. No llegaría a decir de éxito, pero sí fuimos lo suficientemente notables como para acariciarlo. Llegamos a tocar ante cientos de personas, sonábamos en emisoras de radio a nivel nacional e incluso hay algún vídeo nuestro colgado en YouTube de una actuación en televisión. El grupo se llamaba Catorce de Septiembre por si tienes curiosidad (sí, el que canta soy yo). De aquella etapa aprendí varias cosas que ahora me apetece contarte.

La fama es maravillosa si te ayuda a comunicar, a llegar a más gente con tu religión. Si no tienes religión es obscena, absolutamente terrible. Esto lo he vivido con personas auténticamente famosas y desgraciadamente carentes de religión, y te aseguro que es lo peor que te puede pasar. He llegado a ver a cantantes que yo admiraba y de los que me sabía todas las canciones lloriquear por los rincones porque su nueva canción no había sido número uno; otros que se precipitaban al mundo de las drogas porque no podían asumir el éxito con agua; vidas destrozadas porque tras el efímero aplauso se quedaban solos en los hoteles y cuando digo solos, digo solos. Yo esto lo vi y lo aprendí en el minuto uno. Cuando terminó mi maravillosa experiencia con la música, pasé a otra cosa y jamás he echado de menos aquella época, al contrario, la guardo en mi corazón, agradecido por los buenos momentos que pude vivir, y feliz de que terminara, porque ese mismo corazón me indicaba otro camino.

En el mundo de la empresa ocurre básicamente lo mismo. El poder te engancha de la misma forma que lo puede hacer la fama, y resulta igualmente destructivo si no posees un yo interior fuerte y consistente. Algunos altos directivos, diría que de multinacionales, pero también de micropymes de barrio, piensan que son auténticos prohombres o mujeres porque tienen poder, y la realidad es que si alguien les escucha es simplemente porque de ello depende su nómina. Me da pena esta forma de dirigir, lo digo sinceramente. Son directivos que se creen muy importantes porque les respalda el logotipo de una empresa y que, sin embargo, no son nada ni nadie cuando el logotipo desaparece y se quedan en la calle. Se quedan como mosquitos atontados por el calor, pensando: «Pero ¿qué ha pasado, si yo era lo más? ¿Por qué ahora nadie me quiere?». «¿Que no te quieren? ¿A quién has dado amor cuando has tenido la oportunidad?».

Tener la voluntad de ser dios y el talento necesario es tener el deber de amar. Y aspirar a que ese amor viralice tu marca, genere una comunidad de fieles que multiplique ese amor y que este amor multiplicado cambie el mundo, aunque tu mundo sea una pequeña panadería o la gerencia de un cine de barrio. Si tu marca la creas desde el amor, tendrás la oportunidad de elevarla, sea cual sea el sitio del que parta, serás indestructible, y nadie te podrá hacer daño porque no tendrás miedo a perder.

Lo mejor que tiene fundamentar tu marca en el «yo interior» es que hay un momento en el que ni siquiera sientes la necesidad de perseguir el modelo de éxito al uso. Te sientes bien y te da una pereza horrible ser una persona más o menos conocida, que hablen de ti gente cuando no te conocen de nada y someterte al juicio de la masa, que no de la multitud.

*[PAUSA: la masa es una cosa amorfa que responde a intereses básicamente no intelectuales, tremendamente influenciable y carente de una personalidad madura como para tener un juicio común válido. Por el contrario, la*

*multitud es la suma de las diversas individualidades que desde esa diversidad intelectual pueden alcanzar criterios de pensamiento y acción generales con valor común. La masa no me interesa demasiado, me gusta pensar que hago marcas visibles para la multitud. Me gusta respetar a la «gente» y que me respeten a mí en mi rol de ciudadano, parte de la multitud, pero no de la masa.]*

Sin embargo, el líder dios es un ser creativo y, como tal, comunicativo. Crear, hacer de la nada con la intención de que algo nuevo surja en el mundo, es una tontería si lo haces para ti mismo exclusivamente. Un ejercicio contrario a la naturaleza de la creación. La creatividad es un caldero donde cocinas alimento para ti y para los demás. Cuando creas lo haces para trascender, influir en el prójimo o el entorno de forma positiva; y la derivada es comunicarlo a los cuatro vientos para compartirlo, viralizarlo para constatar su utilidad. Cuando creas, debes asumir el rol de tener una marca que firme tu creación y que esta creación quede al servicio de la multitud. Somos activistas de la creatividad, «creactivistas», entendemos la creatividad como un instrumento de transformación positiva del mundo, recuérdalo.

Yo no perdería un minuto en contentar a la masa, es obtusa, obscena, no entiende; pero sí daría mi vida por hacer que tú seas un poco más feliz. (Lo de mi vida es una licencia, pero me comprendes, ¿no?).

Es apasionante visualizarte en tu lecho de muerte rodeado de tus hijos:

—Papá, ¿qué tal, valió la pena?

—Sí, hijos. Muero feliz porque cada día intenté mejorar el mundo. Me embarqué en todas las naves que se quemaban al llegar a un nuevo puerto. Y lo hice siempre desde la quietud y el amor con el que ahora muero.

—Vaya papá, soy fan, qué pena no haberte agregado antes al Facebook.

Esta sería la versión «he leído el libro, lo he comprendido y ha cambiado mi vida». Luego está la de «he leído el libro, no he entendido nada y ahora me voy a leer otro de cómo hacer un MBA en una semana»:

—Papá, ¿qué tal, valió la pena?

—Sí, cada trimestre cerré el EBITDA en positivo, jamás tuve que tirar de la cuenta de crédito de la empresa y aquí os dejo la corbata roja corporativa que con tanto orgullo he llevado estos últimos treinta años.

—Qué emoción... estoooo..., papá, vete, digo, ¡no te vayas!

Y quien dice hijos dice tu ámbito de actuación. Porque debes tratar de que tu influencia sea lo más amplia posible desde la intención, actuar a lo grande, incorporar a tu religión a todas las personas que puedas, porque desde la fe de la bondad de tu misión, debes ser generoso y, aquí sí, tremendamente ambicioso. Si posees un talento excepcional, como es tu caso, debes ambicionar que este afecte en el buen sentido al mayor número de adeptos a tu causa.

Una marca interior es una religión, un movimiento de fieles que comparten tu visión y enriquecen tu camino formando parte de él.

Esto qué implica: valores, autoría. De los valores ya te he hablado. Básicamente:

- Sé una marca de verdad, no mientas ni te mientas.
- Sé una persona generosa y ama incondicionalmente.
- Sé útil, creativo, estético.
- Hazlo quemando tus naves.
- Afecta en positivo al mayor número de personas.

Respecto a la autoría, para mí existen cinco tipos de marcas: la no-marca, la marca-profesional, la marca-autor propiamente, la excéntrica y la del genio.

La no-marca es aquella que no existe. La de muchas personas que no son conscientes de que poseen un talento único y, por tanto, no lo potencian; la de aquellas que por pudor, falta de motivación o miedo han renunciado a liderar su individualidad y se han integrado en la masa diluyéndose en ella.

La marca-profesional es aquella que responde a atributos funcionales, cero emocionales (luego profundizaremos en ello) y que despierta tanta pasión como una silla, un cenicero o un florero de un todo a cien. Generalmente es la de aquellos que se han visto abducidos por la marca corporativa para la que trabajan, convirtiéndose en una corbata roja o azul. No quiero decir que tener una buena marca profesional no sea una opción válida, lo que quiero decir es que en términos de marca personal es irrelevante, porque prescinde de sus atributos individuales para hacer suyos los de la empresa de turno, sin aportar a esta su valor como autor.

La marca-autor es la marca capaz de generar una religión, ya que te obliga a implicarte desde tu yo más íntimo, desde una base espiritual e intelectual capaz de cambiar las cosas, conquistar colinas, influir en el mundo positivamente y en los que te rodean. Incluso si tu marca se desenvuelve en un contexto corporativo debes ser honesto con la empresa para la que trabajas, ofreciéndole lo mejor de ti, y no olvidar que todas las organizaciones buscan a los mejores y para ello, como decía, no puedes desentenderte de ti mismo.

La marca-excéntrica pertenece a aquellos autores que se pasan de rosca al fundamentar su marca en especulaciones personales carentes de sustento real. Lo que viene a ser ese autor que está «muy loco», pero no tiene ni idea de lo que habla. Es decir, un Dalí cualquiera pero sin idea de lo que es una brocha y mucho menos un pincel. Este tipo de marca es capaz de suscitar fieles pero solo un rato, el rato que tardan en darse cuenta de que es un *bluf* y darle al *unfollow* sin compasión.

Por último, existe una quinta tipología de marca que es la de los genios. Estos son aquellos profesionales con criterio de autor que elevan a la enésima potencia su creatividad sin ponerle fronteras ni nada parecido: el Dalí de turno pero esta vez sabiendo pintar como un ángel.

La marca-autor y la marca-genio difieren exclusivamente en el nivel de talento que uno posea. Obviamente, la marca genio está al alcance de unos pocos elegidos mientras que la marca autor está al alcance de todos.

Según la tipología de marca debemos entender, por tanto, que solo es posible generar una marca de éxito desde la autoría. No sirve con ser un erudito en la materia o un «tipo muy raro». Es básico tener criterio, opinión y sobre todo un discurso propio que se corresponda con tu naturaleza única. Ser diferente es atractivo, es sexy y es ser honesto. Y esto no debe nacer del postureo, ser diferente debe responder a la ambición de proponer nuevos modelos de pensamiento, a abrir nuevos caminos para que otros los recorran y también, por qué no, a ser provocador, retador. El mundo necesita de marcas que reten las convenciones para que se reinventen y puedan iniciar procesos de mejora saliendo de su apalancamiento. La marca-profesional con corbata genera apalancamiento, la marca-autor genera innovación.

Las redes sociales están plagadas de personas que postean contenidos de otros, cosas carentes de intención, autoría o compromiso. Tener miles de seguidores para expresar banalidades o no implicarse, no lo entiendo. Son personas que carecen de interés realmente y que se empeñan en salir en todas las búsquedas para dejar claro que carecen de marca.

Dios genera sus propios contenidos, tiene opinión y se compromete con ella.

Es importante entender que tu marca debe poseer estilo, dejar claros tus atributos personales y salir a bailar con todas las consecuencias para ser una marca autor diferenciada.

Algunas preguntas:

—¿A qué huele tu marca?

—¿A qué comida se asemeja?

—¿Cuál es su ciudad?

—¿Qué hombre o mujer le pone cachondo?

—¿Qué tacto tiene?

—¿Cuál es su color?

—Otras preguntas similares...

¿Te parecen irrelevantes estas preguntas? Prueba a responderlas y a enfrentarlas a un sujeto 2.

Tú:

—¿A qué huele tu marca?

A Allure de Chanel.

—¿A qué comida se asemeja?

A sashimi de salmón.

—¿Cuál es su ciudad?

París, Tokio.

—¿Qué hombre o mujer le pone cachondo?

Beyoncé.

—¿Qué tacto tiene tu marca?

Cristal y acero.

—¿Cuál es su color?

Blanco y negro.

Sujeto 2:

—¿A qué huele tu marca?

A mar, a atardecer.

—¿A qué comida se asemeja?

A fruta recién cogida.

—¿Cuál es su ciudad?

Ibiza.

—¿Qué hombre o mujer le pone cachondo?

Bob Dylan de joven.

—¿Qué tacto tiene tu marca?

El de la tierra.

—¿Cuál es su color?

Azul esmeralda.

Con un tercero:

—¿A qué huele tu marca?

Al ambientador de la discoteca Pachá.

—¿A qué comida se asemeja?

A *fast food*.

—¿Cuál es su ciudad?

Cualquiera que tenga un Pachá.

—¿Qué hombre o mujer le pone cachondo?

David Guetta.

—¿Qué tacto tiene tu marca?

El de un coche tuneado.

—¿Cuál es su color?

El neón.

Los tres perfiles pueden corresponder a tres magníficas marcas personales. Sin embargo, son autores diferentes. La impronta de su estilo definirá su puesta en escena, su forma de expresarse, de vestir, de relacionarse, de elegir el púlpito y público al que comunicar. En definitiva, un autor tiene su propio estilo y sus fieles necesitan estas referencias para pertenecer a su tribu. Por eso, cuando crees tu marca no desestimes hacerte preguntas que vayan más allá de las obvias e incluye aquellas que puedan despertar en ti los atributos que mejor consigan reflejar tu naturaleza y describirte.

A una marca-profesional no le puedes preguntar a que huele su marca porque te dirá que huele al ambientador de su oficina.

—¿A qué huele tu marca?

—Eiiiin, espera que lo mire en los apuntes del máster.

Si le haces este cuestionario a una marca-excéntrica te responderá incoherencias sin ningún tipo de nexo con la realidad de la utilidad de su marca. Sin embargo, si le preguntas a una

# ¿A QUÉ HUELE TU MARCA?

marca-autor o de genio en qué lugar habita su marca y te responde, por ejemplo, «Piccadilly Circus, en Londres», te está dando una información valiosísima en términos de estilo:

—Una marca visual.

—Comercial.

—Urbana.

—Activa.

—Tecnológica.

—Cosmopolita.

—Etc.

Atributos de estilo que pueden aterrizarse en tu realidad como ejecutivo de cuentas de una conservera de melocotones, más allá de que esta esté situada en un pueblo a cientos de kilómetros de Londres. Nada te impide que tu marca personal, pese a ello, sea visual, comercial, urbana, activa, tecnológica y cosmopolita y, quién sabe, si eres coherente con tus aspiraciones y te lo propones, igual algún día tus conservas lleguen a estar disponibles en una tienda de productos *delicatessen* de Piccadilly. El arte de poseer una gran marca personal es directamente proporcional a la apuesta que hagas por aportarle valor de autor y soñar. No cedas nunca.

## PARAÍSOS DESEADOS, PARAÍSOS ENCONTRADOS

La mayoría de los humanos viven al margen de su paraíso deseado; hay otros que al despojarse de sus capas de cebolla viven en él.

*[Pausa: Paraíso deseado es ese lugar que todos debe-ríamos habitar y que no habitamos porque la vida se ha empeñado en llevarnos a otros lugares más prácti-cos (paraísos encontrados).]*

—¿Cuál es tu paraíso deseado?

—Quiero escribir libros de éxito, viajar por el mundo bus-cando escenarios donde se desarrollen mis novelas. Ser escritor, vivir de ello...

—¿Y qué es lo que te aleja de esa vida deseada?

—...

—¿Quieres ser dios?

—Sí.

—¡Ponte a ello!

Esta conversación es real. La tuvimos mi gran amigo An-drés Pascual y yo en su tierra natal, Logroño, hace unos cuan-tos años.

Andrés es uno de los autores de *bestsellers* más influyentes de España. De su primera novela *El guardián de la flor de loto* (Plaza & Janés, 2007) vendió más de cien mil ejemplares. Y des-de entonces, tanto esta como las novelas posteriores, han sido editadas en varios idiomas y siempre con un éxito espectacular.

Para mí, Andrés es el paradigma de la marca interior. De cómo una persona puede alcanzar su paraíso deseado si lo desea y persigue desde dentro, desde el alma.

Cuando tuvimos esta conversación él tenía una vida aco-modada, era un gran abogado en un bufete reputado del que era socio en su ciudad natal. Digamos que había conquistado lo que para cualquiera sería «suficiente» conquistar. Sin embargo, caminábamos juntos por la calle y, como tantas veces, hablábamos de nuestras cosas. Él me dijo que pese a todo sentía que su misión en la vida no era esa, que dentro de él albergaba el deseo imperioso de ser escritor, que esa era su verdadera pasión. Que todos sus viajes (es un viajero empedernido), su talento creativo y su marca vital no podían quedarse en el lugar que la vida le había propuesto. Necesitaba situar su marca en su paraíso deseado y no en el encontrado. Le pregunté qué le separaba de conquistar ese paraíso y, después de un rato, tomó una decisión: ser quien quería ser, no quien la vida le decía que tenía que ser.

Se puso a ello de forma disciplinada y apasionada. Compartió su visión con su familia, especialmente con su mujer, Cristina, la que a partir de entonces se convirtió en su mejor cómplice. Trabajó. Lo hizo mucho. Pero mucho. No puso excusas, luchó contra sus limitaciones, pasó por encima de todos los pensamientos tóxicos, no cedió en los caminos intermedios. Su objetivo estaba bien definido y su paraíso deseado estaba ahí esperándole.

Andrés convirtió lo que eran sus viajes de placer en viajes consustanciales a su trabajo. ¡Tiene que viajar «por obligación» para explorar los escenarios de sus novelas! Sigue siendo abogado, pero sobre todo es escritor. Escribe cada día y comparte su talento con miles de fieles lectores que compran cada una de sus novelas. No conoce límites, porque su vida le hace feliz, no sus ventas. Repito, vive maravillosamente de sus ventas, pero solo son la consecuencia de haber conquistado su paraíso deseado.

Yo conozco muy bien el camino que ha recorrido hasta llegar a su paraíso deseado, y para mí es el auténtico ejemplo de que las personas poseemos un talento innato y de que, si dejamos de ponernos excusas para no conquistar nuestros sueños, estos se convierten en realidad sí o sí.

*[PAUSA: Uno de mis mayores tesoros es la dedicatoria que me hizo Andrés de su libro* El sol brilla por la noche en Cachemira *(Editorial Planeta, 2012).*

*A Ecequiel,*
*un catorce de septiembre me enseñaste a creer*
*y no has soltado mi mano.]*

Podemos pensar que nuestras circunstancias personales son excesivamente complejas como para poder cambiar el rumbo de nuestras vidas. No es verdad, solo hace falta tomar la decisión y salir de nuestra zona de confort. Incluso cuando ese paraíso deseado está aparentemente fuera de nuestro alcance, te diré en palabras de Confucio que no hay nada que no puedas hacer decentemente en un plazo de tres años: aprender a tocar un instrumento, hablar un idioma, montar una empresa, hacerte al clima de Finlandia. Dios vive en su paraíso deseado, ¡así que sal a bailar, renuncia a tu zona de confort!

—¿Zona de confort?, ¿y los 700 euros de hipoteca, qué?
—¿Eeein?
—Sí, la hipoteca.
—¿Cómo? ¿Vas a cambiar tu vida deseada por la vida deseada de tu banco? No quieres ser dios de verdad, prefieres tu vida no deseada a asumir el riesgo de conquistar tu paraíso.

Ser dios no es fácil, ser dios es asumir riesgos que, en todo caso, no son para tanto.

Está claro que nadie te va a asegurar que si cambias el rumbo de tu vida, este va a ser el correcto o va a ir todo genial. Pero intentar conquistar tu yo interior y exponerlo al mundo es también en sí mismo un éxito para ti. «Vivir» esta experiencia es pura pasión, pura motivación, una energía que lo ilumina todo hasta si terminas debajo de un puente; vale la pena intentarlo incluso aunque fracases. Todo menos ser un esclavo de tus miedos y mucho menos de ¡tu hipoteca!

Sal a bailar, lánzate, no cedas, deja que la vida se exprese, muchos lo han hecho y lo siguen haciendo. Inténtalo tantas veces como tu corazón te lo indique. Permítete fracasar, no es tan importante, vas a morir joder, no mueras en vida.

Encontrar tu paraíso deseado es un ejercicio maravilloso, puesto que significa deshacerte de todos los mapas mentales que han ido modelando tu paraíso encontrado y, desde ahí, reconducir tu vida. Soñar y dibujar tu existencia en la creencia de que es posible conquistar cualquier meta que te propongas.

Para mí la fórmula mágica existe y es sencilla: conquista tu yo interior, descubre y define tu talento, busca su utilidad y a trabajar, punto.

Debes relativizar la vida y vislumbrar las cosas que deben acompañarte en el nuevo paraíso, y rechazar de pleno las que te frenan: «mi mujer, mi jefe, Honorio el del Banco, quince kilos de más... ¿Sigo?». Sigue: «no sé si tengo talento para algo, mucho menos útil y además no me atrevo por mis hijos».

Empiezo: tu mujer, divórciate; tu jefe, despídelo; a Honorio dale las llaves de tu casa y que se la quede; lo de los kilos de más ya lo hemos hablado, adelgaza o asume que eres gordo

# SAL A BAILAR, DEJA QUE LA VIDA SE EXPRESE.

de una vez; talento tienes, otra cosa es que lo tengas infrautilizado; y lo de que no te atreves por tus hijos, míralo de otra forma: hazlo por ellos.

—¿Qué? ¿Cómo te has quedado?
—Hombre, ligerillo...

Sé que es radical lo que planteo, pero básicamente es lo que harías si a los ochenta años, desde tu paraíso encontrado, te dieran la oportunidad de volver a empezar.

¿Qué sabes hacer realmente bien? Localiza este talento y conéctalo con tu yo más profundo para dotarlo de una utilidad para ti, pero, sobre todo, para el mundo. Que te sientas bien contigo mismo no es suficiente, porque crearías, no desde el vacío, sino desde el ego, y volverías a ser esclavo, esta vez de ti mismo.

—Quiero ser el jefe de Honorio para, una vez conseguido, ponerlo en la calle.
—NOOOOOOOOOOOOOO. Quieres ser el jefe de Honorio para cambiar la cultura del banco y, desde ahí, poder ayudar a Honorio a que conquiste su yo interior y sea feliz. Juntos, de esta forma, podréis trabajar en un banco más social, que ayude a los particulares y empresarios a realizar sus proyectos de una forma humana y sostenible; e INSPIRAR AL MUNDOOOO.

He tenido la oportunidad de vivir los cambios de muchas personas que han decidido reinventarse y lo han hecho. El denominador común del éxito de todos ellos ha sido la creencia en que era posible y de que estaba en sus manos. La mayoría de quienes fracasaron lo hicieron antes de intentarlo. Quizá ser batería de Rihanna, si en tu vida has tocado un tambor, sea pretencioso, pero la felicidad que puedes alcanzar si por el camino consigues entre tanto ganarte la vida siendo baterista, te aseguro que no tiene por qué ser menor que la que siente el auténtico batería de Rihanna cuando toca *Umbrella* ante veinte mil fans en un estadio.

Pero hablamos además de ser dios, de tener una marca religión con la que expandir nuestra narrativa y sumar fieles a nuestra causa. No puedes quedarte en tu paraíso deseado y habitarlo solo. Debes ser generoso con la consecuencia de tu éxito, y lo mismo que has tenido que borrar de la lista a muchos parásitos para alcanzarlo, una vez conseguido, debes abrir las puertas y ventanas de tu corazón a todo aquel que sea merecedor de tu amor. Mi propósito es que fertilices el mundo con tu experiencia y mensaje. Que hagas de tu talento una virtud compartida y que tu marca guíe a los demás: proporcionando momentos mágicos a través de un libro o creando empresas que lideren una sociedad más orientada al bien común. Dicho esto, necesitas un tatuaje.

# PARTE 2.
# LA CONSTRUCCIÓN DE LA MARCA PERSONAL

## NO ERES UNA COSA

El pub del *lobby* del hotel Plaza de Nueva York parece un pub de carretera venido a más. Y, sin embargo, visitar este lugar es una de las cosas más *cool* que puedes hacer si viajas a la Gran Manzana.

El hotel Plaza y cualquiera de sus rincones, como el pub del *lobby* The Rose Club, es absolutamente inspirador. Te sientas, pides un té y esperas a que Miles Davis y su trompeta aparezcan en cualquier momento de entre el barroquismo enmoquetado de su trasnochada decoración.

Hay miles de lugares en el mundo, incluso en Nueva York, infinitamente mejor decorados que The Rose Club, pero muy pocos de ellos tienen lo que hacen de él una marca icónica: alma.

Cuando hablo de una marca, hablo de la expresión de esa alma. Por eso defiendo vehementemente la diferencia entre un logotipo y una marca. Un logotipo es un dibujito y una marca es la representación en términos de comunicación de tu alma.

NO PUEDES
SER DIOS SI
NO ERES CAPAZ
DE TATUARTE
TU MARCA
EN LA PIEL.

No puedes ser dios si no eres capaz de tatuarte tu marca en la piel.

—Vale, bien, pero es que yo soy Manolo Gutiérrez, tornero fresador siempre a su servicio. ¿Qué hago, me tatúo una viruta de metal en el pecho o qué?

—Sí. Si eres dios y tu paraíso deseado es trabajar de tornero, y además lo haces con sentido de trascendencia, y además vuelcas toda tu pasión y talento en ello, repito: sí.

El mercado está lleno de logotipos o marcas sin alma, sin embargo, las empresas más exitosas son las que tienen marca. Una empresa-marca transmite sus atributos sin necesidad prácticamente de hablar. Qué te viene a la cabeza cuando bebes un café *Frapuccino* de Starbucks; ¿qué sientes cuando una camiseta Nike roza tu piel?; ¿o cuando chateas con tu *smartphone* de Apple?, ¿y cuando hueles un perfume de Carolina Herrera? En todos estos casos el alma de estas marcas conecta con la parte emocional de tu cerebro y le envía mensajes de amor muy por encima de los funcionales de los productos que representan. En el mundo de la marca personal pasa lo mismo: Gandhi, Muhammad Ali, John Lennon, Steve Jobs... Ellos no son nombres-logotipos, son nombres-marcas que te conquistan gracias a sus maravillosos atributos emocionales.

El partido de la marca se desarrolla en el mundo de las emociones. Y para que puedas emocionar a tus fieles tienes que ofrecerles una emoción épica, una pasión, algo superior a lo tangible. ¿Cuál es tu historia de amor? Porque hablamos de amor.

Me incomoda profundamente la gente que pasa por encima de lo intangible para posicionar por ejemplo su página web en internet. «El éxito de una web es que salga la primera en los buscadores». ¿QUIÉN HA DICHO ESO?. No te debe importar salir el primero en Google si lo que un sujeto busca es a «cualquier profesional». Debes querer salir el primero cuando te busquen a ti. Si quieren contratarte que se molesten en saber cómo te llamas por lo menos.

Tu marca es una cuestión de valor añadido, de amor. Si tienes un todo a cien estoy de acuerdo en que salir el primero cuando pongan en Google «lavadoras» es genial. Pero TÚ NO ERES UNA LAVADORA. No vendas nunca precio, eres dios, vende valor añadido. Si alguien te contrata porque sales el primero en Google, es que no quiere trabajar con dios, le vale cualquiera.

*[PAUSA: salvo excepciones, cuando buscas algo en un buscador de internet, las primeras entradas corresponden siempre a «cosas» que la masa consume compulsivamente (generalmente vinculadas a precio, no a valor añadido) o a «cosas» que han pagado por estar ahí y salir los primeros.]*

No busques salir el primero, busca ser único. Salir el primero es fácil, depende solamente del coste que quieras pagar por ello. Ser el primero como consecuencia de tu unicidad es el concepto válido, pero nunca a cambio de sacrificar tus valores, porque convertirás tu marca en poco tiempo en una no-marca.

En el imaginario popular se dice que es bueno que hablen de uno, aunque sea mal. Me parece una tontería. A nadie le gusta que hablen mal de uno, y menos en la portada de una revista o en el informativo de las nueve. La verdadera marca debe buscar que hablen bien de ella, en el lugar adecuado y sin pagar un coste en términos de valores.

Cuando hablamos de marca personal, generalmente pensamos en la figura de un emprendedor, sin embargo, te he de decir que la marca personal debe ser tu sello de identidad siempre, tanto si eres un emprendedor como si eres un intraemprendedor y trabajas dentro de una organización. Da igual tu rol o desempeño, cuando hablamos de marca personal hablamos de liderazgo, de personas que toman las riendas de su vida y de sus sueños y dejan huella allá donde por donde pasan.

*[PAUSA: Intraemprendedor es aquel emprendedor que pone a disposición de una empresa o proyecto que no es suyo su talento y capacidad de liderazgo. Hay personas que, teniendo las cualidades necesarias para acometer sus propios proyectos, deciden hacerlo dentro de un paraguas corporativo que le pueda servir de catalizador o que simplemente le evite la parte de gestión empresarial que muchas veces no tiene por qué ser complementaria con el hecho de ser un buen emprendedor.*

*En el mundo del emprendimiento se deja fuera en la mayoría de los casos a los intraemprendedores. En todos los foros parece que los que trabajan para organizaciones y viven de un sueldo no pueden ser emprendedores. Esto es un error. El gen del emprendimiento lo poseen todas las personas que son capaces de «emprender» acciones positivas, innovadoras y creativas en cualquier campo de batalla. No entiendo la pala-*

bra «emprendedor» asignada exclusivamente a personas que poseen una empresa, asumiendo un riesgo financiero. En todo caso, estos son empresarios. Y un empresario no tiene por qué tener a su vez un perfil emprendedor. De hecho, hay muchos empresarios que no «emprenden» acciones positivas, ni innovadoras, ni creativas y que más bien des-emprenden con cada empresa que montan.]

[PAUSA 2: ¿Qué es «des-emprender»? Generar acciones que, por su naturaleza especulativa, nada innovadora y poco fertilizadora, restan valor al emprendimiento y a su carácter creativo en tanto generador de vida empresarial.]

En el ámbito de la marca personal en la empresa, a veces los ejecutivos piensan que no estaría bien visto que ellos tuvieran una marca personal cuando deben defender la marca de la compañía para la que trabajan. Vale, pues no. A ese tipo de empresas yo las llamo «empresas chicle», la típica firma que se asemeja a un chicle usado, pegajoso, insípido, con canción y corbata corporativa que carece de una sana cultura corporativa.

En la «empresa chicle» los directivos son puros ejecutores que recogen el recado de su consejero delegado y lo aplican, sin implicar en el proceso a su propio cerebro, qué decir de su alma.

Pasar años en este tipo de organizaciones chicle es demoledor para cualquier carrera profesional. Al final, donde había una persona hay parte de una masa, donde había talento hay un chico de los recados, donde había creatividad hay miedo;

y esto, si un día te quedas en la calle, es muy difícil de reconducir. ¿Cuántos ejecutivos con quince años de experiencia en una «empresa chicle» son incapaces en la actualidad de encontrar un trabajo? Muchos. ¿El motivo? Nadie contrata un cachito del Barcelona o del Real Madrid, todos quieren a Messi o a Cristiano Ronaldo.

Mantener viva la llama de tu marca personal dentro de la organización para la que trabajas es pura salud profesional. Algunos confunden tener marca personal dentro de la empresa con ser infiel a esta. Todo lo contrario, de parte del ejecutivo a la empresa, es poner tu crecimiento profesional a su servicio dando la cara, queriendo tirar el penalti, gustándote en la presión y en la creencia de que la misión de la empresa vale la pena. Y por parte de la empresa, fomentar la marca personal de los ejecutivos es mandar un mensaje poderoso y contundente al mercado: contamos con los mejores, fin.

Así que valora si tu empresa quiere de ti tu talento y la fuerza de tu marca personal; si no es así, quítate el chicle del zapato y cambia de trabajo.

Tener una buena marca personal es tener controlada tu vida, ya trabajes para una empresa o ya seas tú mismo el que lideras un proyecto. Debes entender que tú sólo debes habitar un mundo donde puedas tener tu espacio. Un mundo donde tu talento y tu «yo interior» brillen y se expandan. Si habitas un lugar donde tú eres un mero número, un fuego apagado, alguien abducido por el entorno o las circunstancias, abandona ese espacio sin mirar atrás.

Repito: abandona ese espacio sin mirar atrás.

Cierra el libro unos minutos, piénsalo: ¿en qué mundo vives?, ¿cómo te sientes?

## ATRIBUTOS DE MARCA
## EMOCIONALES Y FUNCIONALES

El cerebro es un órgano que divide la percepción de las cosas desde su funcionalidad (hemisferio izquierdo) o desde las emociones (hemisferio derecho). No se puede segmentar a las personas tan frívolamente y decir que la sociedad está dividida entre personas funcionales, que atienden a la lógica de las cosas, y personas emocionales, que atienden a cuestiones relativas a la creatividad, la intuición o la ideación. Claro que no. Pero yo lo voy a hacer.

Me molestan profundamente los funcionales de oficio, esas personas a las que, si no les cuadra la hoja Excel, son incapaces de emprender nada. Esos seres que viven en el pensamiento vertical, alejados patológicamente del pensamiento alternativo. Esos para los que diseñas una web que te podría hacer llorar de emoción y te la tiran atrás porque piensan que su mercado es imbécil y no saben buscar el «Contacta» si no lo pones bien grande y en rojo. Me molestan porque viven instalados en el miedo a fracasar, en los convencionalismos, porque son un freno para la innovación y porque creen que sus propias limitaciones cerebrales son las del mundo entero.

—Ferrán Adriá, su tortilla de jamón deconstruida está buena, pero es poco funcional, es poco práctica a la hora de comer...
—¡Anda y vete a tomar por culo, majo!

No escondo que mi posición es algo radical, pero necesito que entiendas que el posicionamiento de tu marca lo vas a lograr principalmente desde tu hemisferio emocional, no desde una visión racional o convencional.

Ningún líder ha sido capaz de influir en la historia y sus aconteceres desde un discurso racional o un pensamiento netamente vertical. De hecho, si esta forma de actuar movilizara a las personas, claramente podríamos evitar el liderazgo humano y cedérselo a las máquinas. Un ordenador está infinitamente más capacitado para liderar desde la racionalidad que un hombre. Únicamente debe ser programado con las etiquetas adecuadas e incluirle un software que indique el camino. Lo que todavía no es posible es que este ordenador trabaje sobre una tecnología que suplante el alma de las personas, su intuición y su creatividad. La web semántica o la Inteligencia Artificial avanzan por este camino, sin duda algo tan emocionante como acariciar un perro de plástico.

Sin embargo, en el principio de la creación de tu marca personal, la disputa entre lo racional o emocional es irrelevante. Lo primero que necesitas es crear las bases de tu marca personal a secas. Para ello, debes ser absolutamente sincero contigo mismo, dejar de lado tus capas de cebolla y tus mapas mentales tóxicos, ser capaz de desnudarte y listar tus atributos principales.

Es decir, tomar conciencia de «quién eres» para hallar tu Índice de Marca.

Te pongo un ejemplo básico y sencillo: imagina que eres un arquitecto que trabajas en un estudio de arquitectura. Genera dos zonas, una para escribir tus atributos racionales y otra para los emocionales.

Enumeremos desde el hemisferio racional izquierdo algunos de tus atributos racionales sin depurar, aquellos que surgen de la lógica, la objetividad, datos, hechos y capacidades tangibles. Sin depurar quiere decir que no intentes hilarlos en una descripción coherente, sino que los plasmes sin orden ni intención:

-Pedro
-Padre
-Tres hijos
-Arquitectura
-Madrid
-Casa en el campo
-Aficionado a la pesca
-Viviendas
-Eficiencia
-Orden
-Convencional
-Profesionalidad
-Retribución
-Católico
-Cuarenta y dos años
-Tecnología
-Seguridad
-Cinéfilo
-Etc.

Esta lista puede ser todo lo amplia que quieras y contener todos los atributos racionales que requieras para conformar tu perfil racional. Pero una vez tengamos todos los atributos expuestos, debemos depurarlos, desprendernos de los que no aporten valor a tu marca y quedarnos con aquellos que sean esenciales en tu proceso de creación de marca. Para ello los dotaremos de un cierto hilo conductor:

—Me llamo Pedro Pérez.

—Soy arquitecto.

—Estoy capacitado para proyectar bloques de viviendas.

—Lo hago de forma sólida, eficaz.

—Cuento con un máster sobre eficiencia energética en edificios de viviendas.

—Tengo conocimientos avanzados en programas de diseño de proyectos.

—Mi currículum profesional es extenso, dado que llevo quince años en el sector.

—Soy madrileño.

—Me gusta la pesca y el cine.

Si nos quedáramos solamente con los atributos del hemisferio izquierdo racional, la marca que generaríamos como consecuencia de ello sería una marca mediocre, que definiría perfectamente tu perfil profesional y que directamente pasaría a formar parte del cielo de las marcas frías y feas que abundan en la actualidad (véase LinkedIn).

Enumeremos ahora los atributos sin depurar, pero esta vez desde tu hemisferio emocional derecho. Atributos emocionales relativos a los sentimientos, la intuición, abstracción, creatividad, espontaneidad, hechos y capacidades intangibles:

-Artista
-Activista
-Rojo
-Global
-Beyoncé
-Amaneceres
-Skyline

-Único
-Grafiti
-Reconocimiento
-Eterno
-Agua
-Fluir
-Libertad
-Creación
-Sushi
-Premios
-Etc.

Desde el punto de vista emocional es importante que incluyamos atributos que estén relacionados con los sentidos, sentimientos, sueños. Decir que un atributo de tu marca es «Beyoncé» es decir que tu marca la ves del brazo de esta *celebrity* entrando en un restaurante japonés de moda o que su música es la banda sonora de tu actividad, por ejemplo. Depuremos ahora esos atributos emocionales:

—Me llamo dios.

—Soy feliz.

—Mi especialidad es crear desde la creatividad y las personas.

—Mis proyectos son una llamada de atención al mundo y a la vulgaridad especulativa de la arquitectura actual.

—Soy un convencido de que la eficiencia energética y la sostenibilidad es el único camino para que las ciudades sean espacios de vida saludables.

—Sueño que mis proyectos se exponen en el MoMA de Nueva York.

—Soy global.

—Me gusta hacer grafitis en las paredes olvidadas de las ciudades.

Estamos hablando de ti, pero definido desde tu lado emocional. Ambos listados, todos los atributos racionales y emocionales, están presentes en la raíz de tu marca. Nadie, bueno, casi nadie es un sujeto cien por cien racional o emocional, la mayoría somos una mezcla de ambos con una carga predominante de uno de ellos. En todo caso, el siguiente paso es definir en porcentajes cuál es tu hemisferio predominante, para así poder tener una visión de ti mismo completa.

Es necesario que te hagas a continuación la siguiente pregunta: ¿Qué tanto por ciento de cada uno de los hemisferios conforma mi Índice de Marca? o ¿qué porcentaje corresponde a la marca que quiero proyectar en el mercado?

La suma de tus atributos, tanto de un hemisferio como de otro, deben generar un porcentual que defina tu marca personal. Si los atributos racionales son los que más «feliz» te hacen y son con los que te sientes más identificado, deberás establecer en qué medida. ¿Un 60 % respecto a los emocionales, 40 %? ¿Más, menos? ¿Todo lo contrario? ¿Tus atributos emocionales están por encima de los racionales? ¿Cuánto más, un 20 % racional y un 80 % emocional? Ese eres tú, ese es tu Índice de Marca.

Imagina por un instante que donde te encuentras cómodo y te sientes reflejado es en un Índice de Marca equilibrado, que recoja un 50 % de tus atributos racionales y otro 50 % de tus atributos emocionales.

Sobre el ejemplo:

—Soy Pedro Pérez.

—Diseñador de espacios increíbles.

—Mi especialidad es diseñar pisos-hogares maravillosos y sostenibles, donde las personas vivan felices.

—Soy capaz de realizar proyectos únicos pensados para las personas que los van a habitar, contemplando sus sueños e inquietudes.

—La movilidad me encanta, puedo trabajar en cualquier país.

—Mis aficiones pesca, cine, arte urbano me complementan como profesional.

Acabas de integrar los dos hemisferios en tu marca personal y básicamente ya estás preparado para rellenar un bonito perfil en LinkedIn. Te has despojado de tus capas de cebolla, has tomado conciencia de lo que eres; te has desnudado frente al espejo y has concluido un Índice de Marca que corresponde a tu perfil profesional. Estupendo.

*[PAUSA: El Índice de Marca es un medidor que define el porcentual que has aplicado a tu marca desde sus atributos. Este índice nos ayuda a definir una marca desde su concepción más o menos funcional o emocional. Según casos, hay marcas que no logran generar empatía con su mercado y esto ocurre porque su Índice de Marca no está alineado con el hemisferio predominante de sus clientes. Es decir, si tu mercado es un coro de ingenieros, deberás tener un Índice de Marca*

*con un porcentual racional, en cuanto a sus atributos, por encima del emocional para conectar con ellos. Si es al contrario y tu mercado son un ejército de fans suprahormonadas de Justin Bieber, pues lo suyo es que el porcentual emocional de tu Índice de Marca sea mucho más elevado que el racional.*

*El Índice de Marca es un elemento indispensable para conectar tu marca con tu mercado. No puedes construir tu marca sin saber cómo eres realmente y cuáles son tus atributos. Si fallas en este paso, es imposible que llegues a conectar con tu mercado.]*

## ÍNDICE DE MARCA INTERIOR

Tener una marca personal es mucho, pero solo una marca personal creada desde el interior te conducirá al éxito, y esto es lo que quiero que comprendas. Puedes posicionarte en el mundo de la marca, pero nunca de forma poderosa si no es desde la autoría, desde la implicación emocional, desde el liderazgo transformador. Y por ello, no puedes generar una marca contenida en atributos personales si no sales al escenario y haces una propuesta diferente, radical, la tuya. La racionalidad es hija del pensamiento vertical y este es mediocre.

He reflexionado mucho sobre cuál debe ser el Índice de Marca Interior para crear una «marca personal con alma». La conclusión a la que he llegado es que este índice debe estar conformado por una presencia del 30 % de atributos racionales y de un 70 % de atributos emocionales.

Dios es un ser básicamente emocional, cuya labor es la creación y la fertilización del mundo. Dios no hace «Excels», te coge de la mano y te transmite su energía y pasión con la intención de que te sumes a la aventura de cambiar el mundo y trascender en él. Dios observa el mercado, tiene una visión y luego se preocupa de cómo llevarla a cabo. Claramente tu marca interior requiere de un tren de aterrizaje, pero no considero que sea necesario que este represente más de un 30 % de sus atributos. Tú eres el líder, con lo que es necesario que sepas cómo aterrizar el Airbus que has diseñado, pero no necesariamente lo debes hacer tú, para eso están los pilotos a quienes debes liderar desde la emoción y a quienes, en un momento dado, debes hablar en su idioma.

Por tanto, reconduce tu Índice de Marca hacia el Índice de Marca Interior. Y este se encuentra, como te decía, en un porcentual donde los atributos del hemisferio izquierdo racional pivotan sobre un 30 % y los del hemisferio emocional derecho sobre un 70 %.

Es posible que tú estés alejado de este índice, que no te sientas cómodo, que no estés preparado para asumir tu condición de dios. Es posible, pero, como te amo, debo insistir en la creencia de que sí puedes conseguirlo. Creo firmemente en tu talento y en la capacidad que tienes de luchar y conquistar tu paraíso deseado. De hecho, si todavía estás leyendo este libro es porque intuyes que algo en tu marca o no-marca está fallando y que vislumbras el momento de poner orden ¿en tu vida profesional?, ¿en tu vida en general? Recuerda que el Índice de Marca Interior no es una postura que adoptas, es tu verdadera esencia, todos somos en nuestro interior puro talento, pura bondad. La idea es que te sitúes en ese lugar sin concesiones. Es tu naturaleza, y únicamente desde ella puedes ser feliz y, por tanto, una marca de verdad.

30-70 es el porcentual de las marcas-religión. Conforme vas dotando de atributos emocionales a una no-marca (racional cien por cien), esta se transforma progresivamente en una marca-religión cuando sus atributos emocionales alcanzan la cota del 70 %. Sin embargo, si esta aumenta el umbral del 70 % de atributos emocionales y comienza a perder tracción racional puede llegar a convertirse nuevamente en una no-marca. Digamos que cuando una marca abandona el espectro de las marcas insípidas racionales, va conquistando poder de atracción, hasta el momento en el que se pasa de frenada emocional y pasa al mundo de: «¡Mira qué bonito ese unicornio!».

Las personas que aspiren a ser una marca interior deben poseer una utilidad del 100, pero conformada por atributos racionales del 30 y emocionales del 70.

No hablemos de ti, hablemos de un producto: una televisión. ¿Su funcionalidad?: ser una pantalla para ver canales de televisión. Su utilidad es del cien por cien: «todas las televisiones salen al mercado con una utilidad del cien por cien», si no estarían muertas antes de nacer. Si este cien por cien de utilidad lo usamos para argumentar el 30 % de su narrativa, y a esta le sumamos un 70 % de valor añadido —una historia de amor, un diseño espectacular, nuevas funcionalidades innovadoras y propias, una gran experiencia de usuario, etc.—, esta televisión deja de ser una televisión para convertirse en «la televisión», le podrás poner un nombre y generar una comunidad de fieles entregados a la singularidad del producto. Si no le agregas valor añadido, será simplemente «otra televisión» que jugará exclusivamente en la liga del precio.

Volvamos a ti. La mediocridad es algo que se adhiere al ser humano con una facilidad espectacular. Si no me dejas participar de la construcción de tus sueños, si no dejas que me enamore y vibre con tu talento, si no me muestras cómo te sientes, si conectamos desde la vulgaridad y no desde el lugar más hermoso que tenemos en común, que es nuestro interior, si no perseguimos conquistar nuevos planetas, si no amas tu unicidad para ofrecérmela incondicionalmente, si eres sólo un ser humano..., me da igual cómo te llames. Buscaré en Google o LinkedIn «ingenieros competentes» y contrataré al más barato. Lo malo de esto es que me privarás de conocerte, de sumarte a mi mundo y yo al tuyo, de cocrear juntos una nueva realidad, de contar con un ser inspirador que me ayude a crecer, a conquistar mis propias metas. En definitiva, irás al infierno, arderás y tal...

¿En qué parte de nosotros se encuentra el talento? En tu interior. Y no me refiero a tu cerebro, me refiero a tu corazón. El éxito es dejar que tu cerebro (órgano que está al servicio de tu marca) sea una herramienta de gestión de tu corazón.

Has roto con tus mapas mentales, te has despojado de tus capas de cebolla, has profundizado en tu «yo interior» y reconducido tu Índice de Marca a un Índice de Marca Interior conformado por un 30 % de atributos racionales y un 70 % de atributos emocionales. Bien.

## CONCEPTO Y NARRATIVA SEXY

El Índice de Marca Interior te alinea con tu naturaleza. Sin embargo, después de convertir tu nombre en una marca con todos sus atributos alineados al índice correcto, debes hallar el concepto o base intelectual sobre el que vas a construir una narrativa que dé sentido a tu misión en el mundo. Un punto de partida sobre el que crear esa historia sexy que va a hacer que tengas seguidores y que tu marca sea una auténtica religión.

Todo ello está implícito en tu Índice de Marca Interior, pero debes saber rescatarlo de ese espacio para ofrecerlo al mundo entero de una forma contundente y atractiva. Dicho de otra manera: cuando sepas «quién eres desde tu naturaleza» debes encontrar un concepto o misión que lo dote de trascendencia o utilidad para el mundo/mercado.

—Desde mi talento, ¿qué puedo hacer para dar sentido a mi marca?

—¿Es necesaria para el mundo?

—¿Es trascendente?, ¿dejará una huella fertilizadora?

—¿Me hace sentir bien?

«Diseñar marcas que representen el alma de las personas o empresas. Hacerlo desde el amor, y amando, conseguir ayudar a expresar lo que habita en el corazón y desean comunicar mis clientes y amigos. Con ello mejorar el mundo, al menos el mundo que existe cuando yo abro los ojos. Cuantas más personas y organizaciones surjan desde la conciencia de una verdadera marca y no desde una no-marca, mayor será su impacto positivo en la sociedad».

Esta es la base intelectual que surge después de conceptualizarme a mí mismo. Personalmente creo que la misión de todas las personas en el mundo debe ser mejorarlo. Cada cual desde su ámbito de influencia y siempre a partir del amor.

Lo demás es circunstancial: tú, violinista, yo, funcionario; tú, celador, yo, camarero; tú, entrenador de fútbol, yo, Obama.

Si toda la sociedad actuara desde su verdad interior, nada sería más bello que habitar este mundo aquí y ahora.

El concepto o base intelectual de una marca personal debe establecerse sobre tres pilares básicos: TALENTO, IDEA Y UTILIDAD.

—TALENTO: debemos visualizar el talento que posees, es decir, qué sabes hacer realmente bien. Cuáles son tus habilidades, esas que realizas y además te gusta realizar. Esas que surgen de tu Índice de Marca de forma natural. A todo el mundo se nos da bien especialmente algo, después de haberte enfrentado a tus atributos es fácil que ya lo sepas. En esta fase doy por sentado que tu talento o habilidad es algo que practicas o que, en su defecto, has podido detectar y vas a hacer que pase de ser una aspiración a una realidad.

—IDEA: En base a tu talento, ahora debes empezar una fase de ideación con la intención de convertir tus habilidades en ideas que se puedan ejecutar. Cómo hacer que tu talento se convierta en la ocupación de tu marca. Los procesos de ideación deben ser abiertos, ágiles, orientados a que surjan un montón de pensamientos, ideas, propuestas, incluso tonterías que deben ver la luz de forma espontánea. Plasma todas estas ideas en una hoja en blanco. Cuando te quedes exhausto y ya no sepas qué más podrías hacer con tu talento o habilidades, coge ese lienzo y rómpelo en mil pedazos. ¿Ya? Ok, empieza otra vez. Ninguna de ellas sirve. Las primeras ideas que surgen de tu cabeza responden a un pensamiento vertical inser-

SI TODA
LA SOCIEDAD
ACTUARA DESDE
SU VERDAD
INTERIOR,

**NADA SERÍA
MÁS BELLO
QUE HABITAR
ESTE MUNDO
AQUÍ
Y AHORA.**

vible en términos de innovación. Toma conciencia de ello y empieza de nuevo, expulsando de tu cerebro el pensamiento vertical, utilizando el «contrapensamiento» (más adelante te hablo de ello) o como mínimo el lateral. Piensa que hay miles de marcas personales que en este momento están barajando las mismas ideas verticales que tú para dar el salto al mercado. Distánciate de ellas para buscar lo que te hace único.

—UTILIDAD: Una vez advertidas tus habilidades y encontrada esa idea innovadora, ahora debes testarla en el mercado. Descubrir cuál es su utilidad en él. No haces nada si desde tu talento creas una idea que resulta finalmente que no es útil a un público. Si no eres capaz de ilusionar o conmover a una comunidad de fieles con ella, es que no es lo suficientemente poderosa y sexy como para que inviertas tu tiempo en ella, cambia de rumbo. Testea la idea con mentores, amigos cualificados, personas que posean un criterio y sométela a su juicio. Nunca testees una idea con la masa o con un *focus group* que la represente. La masa no tiene ni idea de lo que necesita hasta que se lo dice la tele.

Talento, idea y utilidad, o lo que es lo mismo: tus habilidades al servicio de la innovación en un mercado comprador. La diferencia entre una marca y «la Marca» es que el talento de esta última es una expresión de tu naturaleza interior, que la idea está fundamentada en la creatividad y que su utilidad trasciende a la sociedad de forma positiva y transformadora.

Cuando diseñas marcas personales o corporativas, necesitas entender cómo es el alma de tu cliente y para ello pasas mucho tiempo con él. He comprobado cómo la fase de «quién o cómo eres» genera una introspección importante en la persona, que generalmente se soluciona positivamente quitando

LA MASA
NO TIENE
NI IDEA
DE LO QUE
NECESITA
HASTA QUE
SE LO DICE
LA TELE.

todas sus capas de cebolla y dejando que surja su verdadero yo interior. Sin embargo, cuando avanzas y a esta persona le preguntas «qué eres y si se corresponde con lo que te gustaría ser», en la mayoría de los casos surge una conversación que deriva en un mar de frustraciones, miedos, vacíos, paraísos encontrados, trenes perdidos, mapas mentales limitantes..., que hay que trabajar muy duramente para que desaparezcan.

Una pregunta poderosa que me encanta formular siempre es: «¿qué quieres ser de mayor?». A veces, la persona que tengo en frente tiene cincuenta y tantos años y se queda como ido; pero yo insisto, porque, aunque uno sea mayor en términos de años, no tiene por qué haber alcanzado la madurez en términos de marca. A los cincuenta y dos años puede que todavía no tengas claro qué quieres ser de mayor, y nunca es tarde. La cosa es tomar finalmente las riendas de tu marca, despertar a tu condición de dios y crear un concepto que a partir de este momento guíe tu vida. El ser humano, como digo, es por naturaleza un ser bueno y feliz, pero en tanto en cuanto vive fuera de su naturaleza, se convierte en un desgraciado. Debes descubrir la base intelectual o concepto que justifique tu existencia y que esté acorde con tu naturaleza, esto es fundamental.

«Quién eres» para tomar conciencia de ti mismo, «qué eres» desde el planteamiento de lo que te hace feliz, y «cuál es la historia» que va a dotar a tu misión de la atracción necesaria para convertirla en una religión de verdad.

Ya tienes base intelectual o concepto para tu marca. No olvides en ningún momento tu Índice de Marca Interior, que es del 30-70, y súmale a todo ello un halo de poesía, porque todo concepto debe poder ser contado de forma sexy. Es lo que se conoce como tener narrativa.

Una marca personal debe poder ser contada, poseer una historia sexy que atraiga a un número suficiente de fieles. Tu narrativa es tu discurso, tu herramienta primordial de influencia y atracción. Prueba a contar tu historia, un *storytelling* que cautive a la audiencia basándote en tu concepto o misión. Tu Índice de Marca Interior de un 30-70 cuenta con los recursos racionales y emocionales necesarios para llegar al corazón de tu comunidad. Deja que la pasión que te ha traído hasta aquí se desborde en tu discurso. Si tú has querido cambiar tu vida de una forma radical y valiente, tienes una gran historia que contar dentro de ti.

Para generar una narrativa sexy debes tener en cuenta:

—Tus fieles directos, esos que conectan de forma natural contigo van a ser personas que respondan, sobre todo, a una comunicación bella, cercana, pasional, visual; por tanto, utiliza imágenes y emociones para conectar con ellos.

—Más allá de tus fieles directos existen los ingenieros de caminos. Ten en cuenta que estos no saben distinguir un rojo de un verde, con lo cual, no desdeñes tu 30 % de atributos racionales para hacer alguna concesión vía hoja Excel o explicación funcional, para contactar con ellos y así sumarlos a tu causa.

—Una narrativa sexy es sensual, atractiva, todos deben querer ligar con ella (sumarse).

—Lidera tu causa, adquiere compromisos.

—Tu narrativa, si es buena, será contada y viralizada también por tus fieles, así que intenta que sea simple para que la información no se contamine por el camino.

Tus herramientas de comunicación: web, blog, redes sociales, forma de vestir, de ser, de estar..., son los instrumentos que posees para predicar tu religión. A través de ellos debes crear una resonancia capaz de movilizar y liderar a los individuos que quieran sumarse a tu causa y expandir tu mensaje haciéndolo suyo. Ese mensaje es parte de tu narrativa. La palabra «resonancia» unida a una buena narrativa es espectacular.

> *[PAUSA: para que entiendas lo que es una resonancia, prueba a hacer un pequeño ejercicio. Cuando tengas la oportunidad de estar con un grupo de amigos o ante una audiencia, antes de emitir palabra alguna empieza a dar palmas. A ritmo, plas, plas, plas, plas... Al principio, la gente te mirará sin entender nada, pero tú continúa sin cambiar el gesto y sin decir ni pío. Plas. plas, plas, plas, plas... En algún momento, alguien se unirá a tu «palmeo» y empezará a palmear a tu ritmo y volumen, de forma totalmente acompasada. A este se le sumará un tercero, y en breve verás que todos estarán sin saber por qué palmeando contigo. ¡Habrás creado una resonancia!]*

Crear una resonancia porque sí es un sinsentido. Sin embargo, si surge como consecuencia de una buena narrativa, entonces estás ante la generación de un movimiento imparable, que de forma líquida va a trascender en tu público.

Si no tienes narrativa, eres una gota que cae sobre un suelo de hormigón. Si la tienes, eres una gota que cae en el mar generando ondas infinitas (resonancias).

En términos empresariales la consecuencia de una marca es un producto. Sin embargo, en estos mismos términos, la consecuencia de una marca interior o marca-religión es un movimiento. Crear una marca-religión y, por tanto, un movimiento es poseer un montón de fieles a ese movimiento que consumirán, prescribirán, pero también diseñarán el producto, dado que ellos formarán parte de la marca. Es necesario entender que el comprador no busca ser un mero consumidor. El consumidor es una figura tendente a desaparecer. La marca será el consumidor y el consumidor será la marca.

Yo no tengo clientes. Lo digo en serio. Los tengo en la medida en que les paso una factura y la pagan, pero yo no los siento como tales. Para mí son parte de mi narrativa, amigos, a veces colaboradores, incluso cocreadores; en todo caso parte de mi marca. ¿Clientes? Yo no me siento cliente de nadie, me siento parte de su marca, a veces hasta me la bebo y todo...

Coca Cola. Esta sería la marca-religión, compuesta por su nombre más todos los atributos que se desprenden de él; su base intelectual es ser «La chispa de la vida», no una bebida de cola refrescante; y, finalmente, tendríamos su historia sexy o narrativa basada en su fórmula secreta, sus comienzos como bálsamo curativo, etc.

Otro ejemplo de una de las marcas-religión corporativas más importantes de la historia y que juega en este terreno mejor que nadie es Apple. Marca: Apple; base intelectual: «*Think different*», una tecnología con un diseño impecable; y narrativa, pues eso, como para escribir las decenas de libros que se han escrito e incluso alguna película.

En todo caso, nosotros mismos somos la mayor empresa que existe y debemos concebirnos como tal a la hora de «salir a bailar», independientemente de la música que suene.

—Soy Matías el cirujano, dios.

—¿Base intelectual, concepto, misión?

—Salvar vidas para dar sentido a la mía propia.

—¿Cuéntamelo? ¿Cuál es tu narrativa, tu historia sexy?

—Al principio trabajaba en un hospital. Operaba a mis pacientes con éxito. Alcancé cierta notoriedad en mi campo y una posición social que me reportaba una vida de nivel medio-alto. Sin embargo, no era feliz. Cada día iba a mi trabajo, operaba a un paciente, luego a otro; llegaba a casa, una preciosa casa de lujo, pero estaba cansado; el estrés me hacía no tomar conciencia de mi familia, de mis amigos, ni siquiera tenía conciencia de quién era yo o de por qué cada día me levantaba de la cama. Una tarde, salí de trabajar y en la puerta me esperaba una señora de mediana edad. Resultó ser una paciente que meses atrás operé. Quería agradecerme personalmente que le hubiera salvado la vida. ¡Yo, salvarle la vida! Yo salvaba vidas a diario, pero solo viendo su cara, de repente, después de años, tomé conciencia de que lo hacía. Esto fue para mí una auténtica iluminación: miré su rostro y vi el amor que esta persona desprendía hacia mí. Aluciné. Me di cuenta de que jamás había mirado a la cara a ninguno de mis pacientes y, si lo había hecho, había sido como «paciente», no como «persona». Me dio un abrazo y se fue.

Entonces comprendí. Supe en ese instante cuál era el sentido de mi existencia, tenía la enorme suerte de poder «salvar vidas». Lo que hasta entonces había sido solo un trabajo, un medio que pagaba mis facturas y mi nivel medio-alto de vida, se había convertido en la luz que lo iluminaba todo.

Ahora, antes de operar, me preocupo por conocer a mi paciente, charlar con él y su familia; explicarle bien su cuadro médico, tenderle una mano sincera en su proceso de curación, humanizar mi trabajo antes, mientras y después de cada una de las operaciones. Cuando llego a casa, por muy duro que haya sido el día, noto que irradio una energía maravillosa de la que mi mujer e hijos participan. Incluso todos los años parte de nuestras vacaciones las pasamos trabajando juntos en proyectos de cooperación en lugares remotos del planeta. Con mi dinero pago las facturas, pero también compro tiempo para estar de verdad con los que amo y trabajar mi marca desde el interior de mi corazón. Intento inspirar a otros colegas para humanizar nuestra profesión y la relación con nuestros pacientes todo lo posible. Hemos llegado a crear un blog colaborativo de profesionales, para ofrecer consultas gratuitas a enfermos sin recursos y así poder acompañarlos en el proceso de su enfermedad de una manera cercana, atenta y altruista. Cada cierto tiempo nos juntamos en un local del hospital para desvirtualizarnos y celebrar la vida.

Existen cientos, miles de cuencos de té chino. A ojos de casi todos, este es un recipiente para beber té que conserva muy bien la temperatura y cuya anchura de boca hace que al beberlo puedas descubrir todos los matices del aroma de esta maravillosa bebida. Té blanco, verde, amarillo, rojo...

La grandeza de un cuenco de té no es su forma, color o tacto sino el espacio del que dispone para albergar esta sencilla bebida. El vacío que crea es el sentido de su existencia. («Forma una vasija con arcilla; del vacío surge su utilidad», Tao

Te King XI.) Si no existiera, el té se derramaría por nuestras manos, no podríamos disfrutar de la quietud de compartir con uno mismo o con otros el sabor y aroma de esta humilde bebida que iguala a todos en torno a una tetera. El té es la bebida del Taoísmo, una filosofía que habla del camino que debes recorrer en tu vida para ser feliz, o al menos intentarlo. Un camino sencillo, desapegado de lo material, generoso en la bondad, donde no existe el pasado ni el futuro, sino el instante presente. Ese presente que por encima de todo es un momento irrepetible y que, como tal, quieres compartir con el mundo, está contenido en el líquido madre que es el agua, la temperatura caliente que es la vida y las hojas de té que es tu «yo interior». Bebemos té para conectar con la vida, o mejor dicho, para que nuestra espiritualidad interior se reconcilie con la vida. Todo ello sería imposible si un cuenco de té no albergara un espacio vacío donde volcar nuestro presente.

Si miras las cosas con estos ojos, verás que posees una narrativa que espera que tú la descubras. No puedes quedarte en la obviedad del pensamiento vertical que asola el mundo: un cuenco de té es un utensilio para beber té, tú eres un ser que has nacido para vivir, trabajar y jubilarte. No, tú has nacido porque algo que está muy por encima de nuestra capacidad de raciocinio quiere que existas, y existir es vivir pero con un sentido trascendente. Tu marca debe apoyarse en una narrativa, como el tazón de té se apoya en el vacío que lo contiene todo. Tu narrativa debe ir más allá de lo que piensas, debe sustentarte en lo que íntimamente sientes, y contarlo con la misma pasión con la que un niño se aferra a su madre cuando nace, con la misma pasión con la que un niño aprende cada día cosas nuevas, con la misma pasión con la que un niño vive al margen del miedo a fracasar, porque no sabe qué es el fracaso, solo que la vida va de jugar y divertirse.

Una narrativa debe ser sincera y sexy. Puedes pensar que es tremendamente difícil crear una narrativa poderosa, pero es tremendamente fácil si posees una verdad. Como te decía, si has renunciado a tu paraíso encontrado y vas en busca de tu paraíso deseado, es porque dentro de ti existe una historia que merece la pena ver la luz y esta es tu verdad. Si partimos de esa verdad, podemos observar que esta lleva implícita una ruptura con el pasado y una visión que se ha convertido en la misión de tu marca. Por tanto, si estructuramos tu narrativa, debemos hacerlo de la siguiente forma: existe un punto de partida (paraíso encontrado), una ruptura (base intelectual) que genera un punto de llegada (paraíso deseado). Dicha estructura debe dar forma a una historia atractiva, inspiradora y épica.

—Atractiva: todo cambio responde a una historia que merece ser contada. Generalmente detrás de dicho cambio se sustente una decisión valiente, un gran paso que todos en mayor o menor medida medida ansiamos dar y que genera admiración, o cuando menos respeto.

—Inspiradora: tu experiencia puede y debe inspirar a otras personas a iniciar su propia transformación. Tu historia debe generar fieles a los que iluminar en su propio camino. Tu marca debe ser fertilizante.

—Épica: tienes una gran misión. Sé un activista, ten actitud, radicaliza tu posición, que tu discurso hable de romper con lo conocido, conquistar nuevas colinas, de las mil batallas que quedan por celebrar y de una victoria al amanecer.

Una historia atractiva, inspiradora y épica es sexy. ¡Tu verdad es sexy! Ve a comprarte ropa, anda...

SÉ UN ACTIVISTA, TEN ACTITUD, RADICALIZA TU POSICIÓN.

—Perdona, pero a mí el traje azul marino con corbata nudo Windsor que uso siempre me queda extraordinario...

—Perdona, ¿por qué vistes como vistes?, ¿por qué te peinas así?, ¿qué emoción te trasladan tus zapatos?, ¿de qué marca es tu ropa interior?, ¿a qué hueles?, enséñame tu *smartphone*.

No fastidies una buena narrativa con una mala corbata. Todo tú eres «marca» así que viste como te dé la gana, pero dime siempre cuál es la intención. La marca personal conlleva una intención alineada con ella en todo lo que hagas a partir de ahora. Desde tus zapatos hasta el diseño de tus perfiles sociales, pasando por tu estilo de vida y la cerveza que bebas. Recuerda que tú eres de verdad y todo debe responder a esa verdad. Si en algún momento tu verdad tiene una falla, por muy pequeña que sea, todo se caerá como un castillo de naipes.

En el arte de la negociación, arte que sin duda tendrás que afrontar muchas veces con tu nueva marca, los verdaderos especialistas son capaces de detectar la veracidad de tu narrativa solamente observando la forma que tienes de rascarte la cabeza.

## DISEÑO ESTRATÉGICO

Has abordado tu Índice de Marca Interior, su conceptualización y narrativa. Ahora debes diseñar la estrategia para conquistar tus metas. Cómo las vas a alcanzar y con qué acciones.

Para diseñar un plan de acción lo más importante, sin duda, es que te compres un rotulador rojo gordo para subrayar varias veces la palabra «acción».

De nada sirve el mejor plan estratégico del mundo si finalmente no lo llevas a cabo.

Parece una obviedad, pero la realidad es que la mayoría de las estrategias fracasan simplemente porque una vez escritas no se llevan a cabo.

—Fantásticos los 142 folios de Plan Estratégico que me acaba de pasar Manolo, el consultor de Marketing, voy a quedar en el consejo como un campeón.

—¿Y qué pone? ¿Cuál es la estrategia del semestre?

—Yo qué sé, no te he dicho que son 142 folios, estoy como para leerlo con el trabajo que tengo...

Tu Plan Estratégico debe ser:

—Finalista: contener una meta clara y alcanzable.

—Realista: debes ser capaz de ejecutarlo o liderarlo tú, con los medios que tengas a tu alcance.

—Simple: es mejor que definas en tu plan cuatro acciones simples que puedas llevar a cabo de forma efectiva, que subestimar el poder de la complejidad para tumbar proyectos.

—Temporal: debes acotar los hitos en el tiempo y escribirlos en una agenda de las de «el martes toca hacer esto y lo hago».

—Dúctil: tu plan debe ser ágil y contar con la capacidad de adaptarse al medio, cambiar o modificarse si las circunstancias lo requiriesen.

—Retador: te debe obligar a superarte, a mantener siem-

pre una sana tensión sobre tus objetivos y fomentar tu crecimiento personal en cada paso que das.

—Motivador: si cada mañana te levantas y tienes ganas de
comerte el mundo, es que tienes un gran plan.

—Divertido: la no diversión es el mejor índice que tienes
para advertir que tu estrategia es mala.

Hacer un Plan Estratégico es un ejercicio de libertad creativa inconmensurable. Casi tanto como coger el rotulador de
antes y poder dibujar lo que quieras en una pared en blanco
de un palacio que es tuyo.

Diseña desde la libertad creativa y el divertimento. No
pienses que, por ser realista, una estrategia tiene que ser gris
y aburrida, todo lo contrario. Nuestra realidad está llena de
matices que puedes utilizar, y que están a tu alcance, para
dotar de color un camino que debe ser siempre excitante.

*[PAUSA: El otro día me di cuenta de que en mi agencia
estábamos todo el día colgados de los Macs y que no
habíamos tocado un lápiz desde hacía un lustro. Así
que llamé a un amigo grafitero que tengo y nos sen-
tamos todos a su alrededor a conversar. Le conté mi
preocupación y nos dijo: «Dejar un rato al día el ratón
del ordenador y pintar las paredes de la agencia con
espráis y rotuladores a lo loco, sin pensar». Mi pensamiento vertical fue directamente a visualizar nuestra
impecable nave zen, de la cual, por colgar, no cuelga
ni un cuadro (ya sabes: concepto zen del vacío, todo
blanco y negro, nada accesorio). Total, que vencí mi
verticalidad y me fui con mi contrapensamiento a una
tienda de grafiteros y me traje un arsenal de espráis*

y rotuladores. La cosa es que nos pusimos a pintar en una de nuestras paredes inmaculadas, y la consecuencia fue un arroyo de creatividad maravilloso que, además de romper nuestra ancla con el ordenador, nos llenó de libertad creativa. En vez de pintar parecía que estábamos echando abajo la pared.]

[PAUSA 2: Tengo una amiga, Verónica Martínez (www. veronicamartinezdesign.com), que diseña esculturas funcionales, es decir muebles, cerámicas y otros, que

*son obras de arte pero que han sido creadas para ser usadas. El caso es que me regaló una de sus obras: un columpio. Es maravilloso. Lo hemos colgado del techo de la nave, que tiene una altura como de cinco o seis metros, y cada vez que uno de nosotros o de nuestros clientes-amigos se colapsa neuronalmente, se va donde el columpio y empieza a columpiarse. Pensar desde un columpio es tremendamente estimulador. Tu mente se transforma de repente en la mente de un niño, simplificando su pensamiento, oxigenando las conexiones neuronales, desentumeciendo tu cuerpo. Casi siempre, después de una buena «columpiada», vuelves a la reunión de turno con el sombrero de la simplicidad puesto: «Eh, chicos, suave... que no es para tanto».]*

¿Pintar una pared con espráis o colgar un columpio en la oficina es algo estratégico? Sí y mil veces sí. Define la «actitud» que posees. Define la capacidad «estratégica» que debe tener mi agencia de romper con todas las paredes que limiten nuestra creatividad y la capacidad que debe tener para cambiar el eje de apoyo de nuestro pensamiento. Nada más y nada menos. Además, es divertido. ¿Cómo no va a ser entonces estratégico?

Dicho esto, una estrategia es un camino lleno de hitos que debes saber definir, permitiéndote pequeños o grandes regalos que muchas veces son más necesarios que el valor que les otorgas. Te pongo un ejemplo.

**Estás iniciando tu camino en la creación de tu marca personal y lo estás haciendo diseñando tu estrategia frente a**

la pantalla de un PC viejo que representa el pasado de tu actividad y que te produce tanta emoción como la plancha que utilizas para planchar tus camisas. Pues bien:

1. Haz una copia de seguridad del disco duro.

2. Recoge el PC y mételo en una cajita.

3. Llama a tu prima la de las oposiciones y dile que pase a buscar la caja, que le regalas un PC.

4. Ve al Apple Store más cercano y di al dependiente estas mágicas palabras: «iMac gordo».

5. Sé feliz, te lo mereces.

¿Qué te has gastado? ¿Cuánto en comparación con las cientos de horas que vas a compartir con el iMac? Con las cientos de horas que va a estar junto a ti brindándote la mejor tecnología para que alcances tus metas. Haciéndote compañía con su maravilloso diseño, su espectacular sonido, su enorme pantalla. Yo cuando termino de trabajar al cabo del día, antes de irme a casa le doy un besito al mío... No hace falta que llegues a eso, pero no está de más.

En definitiva, qué son unos euros en la inmensidad económica de un proyecto que va a cambiar el-tu mundo. Y, qué representa esto en términos de motivación, de ilusión, en términos de posibilidades técnicas para tu trabajo. Es estratégico.

*[PAUSA: Tengo un problema con los PC, me producen un rechazo enfermizo. En serio, es escuchar la melodía del Windows (veis, me da grima hasta escribir «Windows»..., puaf, otra vez) y tensarse todo el sistema nervioso de mi cuerpo, desde la zona capilar hasta los pies: un horror.]*

Si tu marca no pasa por el campo tecnológico y sí lo hace por un campo de trigo pues lo mismo, cambia iMac por un alerón nuevo para el tractor y date el gustazo.

Hay cosas que son relativas y que aportan mucho valor en la consecución de tus objetivos, no dudes en acometer todas, incluso cuando el viento no sople a favor. Cuando un emprendedor me pregunta qué oficina alquila si la grande o la pequeña, yo le pregunto: «¿Cuál te emociona más?». Si la respuesta es la grande, mi respuesta es que sea esa la que alquile, y cuando me dice que le asusta el alquiler porque es más alto, le digo que se olvide del alquiler, que eso no es importante.

Ninguna empresa ha fracasado por pagar 200 euros más de alquiler al mes.

Se habrá ido a la mierda porque se tenía que ir y punto. Así que rodéate de aquello que más te ilusione, que más compañía te haga y, aunque esto te obligue a tener que trabajar un poco más, acógelo con alegría, porque esa tensión es la que te hará llegar a tus objetivos. Si te lo pones demasiado fácil y no te autotensionas, nunca crecerás.

En definitiva, la realidad es necesaria, pero la ilusión y la motivación en el diseño y contenido de tu plan estratégico es vital. Descubre qué te hace feliz e inclúyelo en tu estrategia.

Dentro de tu diseño estratégico es muy importante que prestes atención a tu marca en términos de comunicación: si no comunicas no existes. Una marca que no comunica es una marca inservible. Tan absurdo como ser Picasso y que no se entere nadie del valor de tu talento porque te guardas en casa bajo llave todos los cuadros que pintas, sin que nadie los pueda disfrutar. La comunicación es por tanto esencial en tu camino hacia la marca personal.

Dios, o sea, tú, debes tomar las riendas de tu propia comunicación. ¿Qué quiere decir esto? Quiere decir que el diseño, los soportes, los medios que utilices, todo, debe estar al servicio de tu marca, su propósito y su posicionamiento. Además, que la comunicación es la expresión del amor que sientes hacia ti mismo y lo que haces y hacia tus fieles. Por ello, haz de la verdad tu argumentario, sé auténtico, cercano, no manipules, no mientas nunca. Ten un discurso coherente, sexy, inspirador. Eres un líder, un activista, habla a tu público en primera persona, comunica desde dentro, desde el corazón. Cuida todo lo que tengas que decir, pero no olvides nunca que el rock es *feeling*, lo demás son solo acordes.

—Psssssssss
—¿Qué pasa?
—Nada, es que...
—Es que ¿qué?
—Que estoy de acuerdo con todo, pero es que yo, además, me llamo Anselmo y, a ver, con este nombre a dónde voy...

Efectivamente, Anselmo es un nombre algo... bueno, «ya sabes». No obstante, un buen concepto y una narrativa honesta, épica y sexy pueden con todo, incluso con el peor nombre de la historia, el de una marca de la cual te hablaba antes: Coca Cola.

«Coca», «Cola»: coca (coca de pan, cocaína, te doy una coca en la cabeza), cola (cola de gato, pegamento, pene). Claramente es el nombre más horroroso que alguien podría poner a una bebida refrescante o a cualquier cosa que ocupara un lugar en este planeta. Infinitamente más horroroso que Anselmo. Sin embargo, estamos hablando de una de las

# EL ROCK ES *FEELING*, LO DEMÁS SON SOLO ACORDES.

marcas-religión más prestigiosas en el mundo del consumo y de mayor valor en el mercado, junto a otras como Disney, Apple, Nike, etc.

¿Por qué? Porque contiene un concepto absolutamente espectacular, indestructible. Recuerda: Coca Cola es la chispa de la vida.

—Es un refresco
—NOOOOOOOOOOO. ¡Es la chispa de la vida!

Conclusión, cuanto mejor sea la denominación de tu marca, más fácil será introducirla en el mercado, pero por muy buena que sea, si no tienes un correcto Índice de Marca Interior, un concepto y una narrativa sexy que contar, no servirá para nada. No podrás generar una religión.

El diseño de tu estrategia de marca personal debe definir el conjunto de acciones que vas a realizar para alcanzar tu paraíso deseado. Escríbelas y calendarízalas: rómpelas. Hazlo de nuevo. ¿Ya las tienes? Rómpelas otra vez, recuerda que en tu nueva vida no cabe el pensamiento vertical y que dentro de tus acciones debe haber además un columpio, un iMac, un yo qué sé en forma de autorregalo que te haga feliz... ¿Lo tienes ahora? Bien.

# PARTE 3.
# TEORÍAS
# DESDE EL VACÍO

## CONTRAPENSAMIENTO

Para mí, la filosofía oriental es fundamental porque vivo en Occidente. Probablemente, si viviera en China o Japón, no.

La sociedad occidental vive de puertas afuera, mediatizada por el ruido exterior que genera la vanidad, la competitividad, los miedos. Los orientales, por el contrario, han hecho de su vida interior un templo donde abunda la quietud, el silencio y el desapego. (En ambos casos hablo de estereotipos y desde el ámbito filosófico).

Puestos a perseguir un ideal, yo apuesto por la complementariedad de los contrarios. Es decir, ser consciente del contexto en el que vives, pero complementarlo con su opuesto para que sea más llevadero y así poder alcanzar el equilibrio necesario en la vida. Creo que es mucho más interesante beber té y practicar yoga en medio del estrés cotidiano de Occidente, que hacerlo en otras circunstancias más propicias. ¿Por qué? Porque es más necesario y más útil. O, dicho de otra manera, hacer yoga en Nueva York mola, en la India menos. Si yo viviera en la India practicaría el boxeo.

Por tanto, ¿dónde es más útil y necesario el yoga? Donde más estrés y acción hay. Un Buda en Manhattan fliparía, se volvería loco de gusto en medio de El Corte Inglés de Preciados en Madrid: «Uuuum, tanto por hacer...».

Al contrario, pasaría lo mismo. Creo que a Oriente le viene muy bien abrir su frontera de pensamiento a Occidente, no para verse invadida por su parte tóxica, sino para coger perspectiva y rescatar de ella lo bueno que sin duda también tiene. En definitiva, de lo que se trata es de poder vivir desde el equilibrio. Si tuviera que hacer un anuncio al respecto, sería algo así como la imagen de una valla de Calvin Klein a la salida de un templo zen.

Me llama mucho la atención cuando un profesional del ramo que sea se empecina en ingresar en asociaciones o grupos afiliativos de su gremio. Si eres el mejor carpintero del momento busca el lugar donde seas más útil o que te nutra más. Este lugar no suele ser el que habita la competencia. Es muy habitual que nos asociemos muy rápidamente a ideas o conceptos que se desprenden del pensamiento vertical y no tomemos conciencia de que los espacios verticales son los primeros que alimentan la incompetencia, y que estos raramente aportan valor. La hibridación en estos casos es mucho más nutritiva que la afiliación vertical. Dicho de otra manera, para crecer como carpintero intégrate y actúa en el mundo del software, de la astrofísica y aprende, colabora, posiciónate, crece en él; deja a la competencia que se desfonde hablando de martillos y armarios de pino.

Cuando diseño una web, una marca o conceptualizo un proyecto, intento siempre hacerlo sin anclas verticales. Esto es fundamental para mí. De hecho, cuando veo que todo el mundo adquiere una tendencia en mi sector, me pongo muy nervioso e intento huir, escapar a otros espacios más vacíos, más inspiradores. Si alguien ya lo está haciendo, ¿cuál es mi utilidad? Si todos lo hacen, ¿es porque todos están acertando? No, claramente. Yo prefiero abrir un Pizza Hut en China a un restaurante chino al uso. Qué quieres que te diga, es lo que hay. Por eso a la hora de pensar en la base intelectual o concepto de tu marca, no dudes en hacer lo contrario a lo que te digan tu pareja, tus compañeros de profesión, tus amigos, el telediario, el horóscopo y demás. De hecho, no preguntes a nadie, haz lo que creas que debes hacer desde la utilidad de los contrarios y utiliza el contrapensamiento.

El liderazgo en su nacimiento es un camino a contracorriente, sin embargo, ten en cuenta que tú eres tu verdad y que tener clientes, aunque puede ser una consecuencia de ello, no es lo que buscas. Lo que buscas con tu verdad son fieles a tu causa, compartir con ellos tu unicidad y generar un movimiento. Algo mucho más poderoso que el mero juego de la oferta y la demanda. Hablamos de religión, de visión, de trascendencia. Desde el apalancamiento vertical de tu marca solo obtendrás clientes, y esto es un signo de debilidad en términos de marca.

Tener clientes es una muestra de debilidad, tener seguidores responde a ser un líder valiente.

Si piensas en tu marca como una excusa para tener clientes, no eres una marca, eres un logotipo. Los clientes responden a cuestiones de valor puntual: precio, necesidad especulativa, utilidad temporal. Sin embargo, los fieles son personas que se involucran en tu misión compartiendo tus atributos, haciéndolos suyos y formando parte de tu narrativa.

# TENER CLIENTES ES UNA MUESTRA DE DEBILIDAD, TENER SEGUIDORES RESPONDE A SER UN LÍDER VALIENTE.

La mayoría de las marcas piensan o «no piensan» igual. Todas utilizan los mismos parámetros, un pensamiento lógico y vertical que hace que las repuestas sean la mismas para la mayoría de las preguntas.

Sin embargo, la historia está plagada de casos en los que los grandes avances o las cosas extraordinarias surgieron porque alguien pensó diferente a la mayoría. Alguien salió de la masa viscosa para proponer un camino contrario que le llevara a un lugar nuevo.

No puede existir innovación desde el pensamiento vertical.

De hecho, no puedes tener una marca única si piensas igual que el resto, en todo caso serás una marca más, un logotipo sin sabor. Desde el pensamiento lateral, que es una forma de desviar el pensamiento vertical hacia nuevas áreas creativas, se han generado innumerables soluciones alternativas y poco ortodoxas.

Como ejemplo, un clásico, pensemos en «cereales con leche»:

• Pensamiento vertical: para desayunar, empezar el día con energía. «Niñoooo, termínate el desayuno que se escapa el bus...».

• Pensamiento lateral: desliguemos «cereales con leche» del pensamiento vertical «desayuno» y démosle un atributo temporal diferente: «cualquier momento del día». No podemos ir por la vida con un tazón de leche encima para tomarlo «en cualquier momento», así que pensemos en un atributo de formato diferente, en vez de leche y cereales, leche caramelizada con cereales en forma de barritas. Sigamos cambiando atributos verticales por laterales. Ahora en vez de ser nuestro target «los niños», pensemos en otro, «los deportistas». Pues bien, han nacido o así nacieron (imagino) las barritas de cereales como suplemento energético para deportistas. Un nuevo océano azul, un nuevo espacio de negocio a desarrollar que ha generado una auténtica nueva industria a partir del consabido desayuno vertical del nene.

La innovación es una huida consciente del pensamiento vertical. El pensamiento lateral hizo que alguien pensara que un teléfono móvil podía ser además un miniordenador, una cámara de fotos, un reproductor de música y una forma de pago; que exista la fregona, el Chupa Chups, o que una pared de la calle pueda considerarse un lienzo y nazca el *street art*.

Si volvemos a tu marca, debes entender que lo que tú sabes hacer o eres es lo que tu cerebro (principal amigo de lo vertical si no lo atas en corto) te ha llevado a ser, y esto no suele ser algo extraordinario. Existen miles, millones de personas que, como digo, con el mismo talento tienen una marca similar a la tuya (véase LinkedIn otra vez). Hacer un ejercicio de creatividad lateral sobre tu marca puede ser una forma excepcional de alejarte de la masa y adentrarte en el maravilloso mundo de la innovación aplicada a tu talento. Sin embargo, te hablo de ser dios, y por ello valora la posibilidad de liberar tu pensamiento y de dar un salto al contrapensamiento.

Si todo el mundo va hacia el mismo sitio, llega el primero o coge el camino contrario.

¿Qué quiero decir cuando digo «contrapensamiento»? Pensar desde el vacío, más allá de las convenciones, huyendo

# SI TODO EL MUNDO VA HACIA EL MISMO SITIO, LLEGA EL PRIMERO O COGE EL CAMINO CONTRARIO.

de la verticalidad, pasando por encima de las posibles derivadas laterales. Comenzar el proceso creativo por la idea y desde ahí comenzar a construir tu marca sin mirar hacia los lados.

La fortaleza de tu marca es que está fundada en la «verdad suprema» de que la realidad existe porque tú le otorgas un lugar y un sentido. Desde este planteamiento, tu mundo no tiene límites en su diseño porque puedes crearlo a tu conveniencia. No tienes miedo, no tienes agentes limitantes, así que desarrolla tu actividad poniendo el foco en lo que deseas ser, en lo que deseas crear, y después busca el camino que te lleve a ello.

El hecho de haber estudiado económicas no quiere decir que debas ejercer como economista. El hecho de que desees ejercer como economista no significa que debas hacerlo en el entorno convencional del mundo financiero. Que, sin embargo, te posiciones en ese entorno no quiere decir que lo tengas que hacer como el resto de tus colegas de profesión.

Lo que eres hoy es consecuencia de la inercia de tu carrera y/o vida, lo que seas a partir de ahora no tiene que ser nada que corresponda de forma vertical o lateral a ello si no está alineado con tu naturaleza. Por tanto, siéntete libre de elegir tu camino/meta en este momento del partido.

—Soy economista.
—No eres economista, tienes conocimientos financieros. ¿Qué quieres ser de mayor?
—Jefe de cocina, es mi vocación frustrada...
—¿Dónde?
—Hombre, vivo en Madrid.

# SUEÑA A LO BESTIA.

—¿Dónde?

—Adoro Hawái.

—¿Cuándo?

—Jajaja, es imposible, familia, hipoteca, tal, tal y tal.

—Hazlo ahora.

¿Es una locura? Bendita locura. La locura es desperdiciar tu talento y «ser» lo que no eres o ser uno más.

Hay muy pocos economistas en el mundo que tomen el camino de la restauración en Hawái siendo oriundo de Móstoles. Tienes, por tanto, todos los recursos para triunfar: concepto, narrativa, estrategia, herramientas y valentía. No los desperdicies «soñando poco» o «pensando igual». Sueña a lo bestia, es probable que si trabajas al mismo nivel te sorprendas consiguiendo hacer de tu sueño tu paraíso deseado.

Volvamos al té.
- Pensamiento vertical: bebida caliente para calmar la sed.
- Pensamiento lateral: té frío embotellado con azúcares y aromas añadidos para competir en el mercado de los refrescos (Nestea).
- Contrapensamiento: movimiento político para influir en las políticas sociales de Estados Unidos y, de paso, hacer política de oposición a Obama sin pasar por las urnas (Tea Party).

Volvamos al teléfono.
- Pensamiento vertical: aparato que sirve para hablar entre personas.
- Pensamiento lateral: *smartphone* multimedia con el que

además puedes escuchar música, mandar correos electrónicos, leer libros, geoposicionarte y transportar tu agenda, contactos y demás.

• Contrapensamiento: cambiarlo todo, el mundo entero.

Vayamos al pop:
—¿Cómo os llamáis?
—The Beatles (Los escarabajos).
—¿Estáis locos? No lo veo.
—Ya, ya.

En el mundo de la tecnología, software y cacharritos nos encontramos dos marcas personales extraordinarias que desde el mismo sector pueden ilustrar el concepto «Contrapensamiento».

—Hola, soy Bill Gates, voy a crear una empresa de software y desde mi pensamiento gris y vertical voy a llamarla «Microsoft».

—Hola, soy Steve Jobs y desde mi contrapensamiento voy a crear una empresa-religión que se llame como me dé la gana, porque pienso cambiar con ella el mundo. Uuuuuuum: «Apple» (manzana).

¿Diferencias? Bill Gates quería contentar un mercado y Steve Jobs crear uno nuevo. Bill Gates quería cambiar la industria de la tecnología informática y Steve Jobs el mundo. Conclusión: cuando muera Bill Gates, bajarán las acciones de Microsoft unos días y le harán una misa. A partir de la muerte de Steve Jobs toda una religión se ha quedado sin líder.

Cuando iPhone 4 salió al mercado con un problema de cobertura en su dispositivo, la mayoría de los fieles de la secta de Apple fueron comprensivos con el problema. Jobs dijo: «no somos perfectos» y siguió trabajando como si nada. El resto, los usuarios, continuaron siendo fieles al dispositivo y aceptaron una funda de plástico que corregía el problema de señal como solución al problema. ¿Qué es lo que subyace de todo esto? Que hasta cuando compras un teléfono de Apple con un problema de cobertura, sientes que estás formando parte del «cambio», del nuevo mundo que provocó Steve Jobs. No compras un teléfono vertical o un *smartphone* lateral, formas parte de una religión gestada desde el contrapensamiento. Que Apple es algo más que una marca, es un sueño.

Nadie hubiera permitido esto a Microsoft, directamente hubiese ido todo el mundo a la tienda a que le devolvieran el importe de la compra y punto.

El contrapensamiento implica una ruptura radical con tu verticalidad, pero además conlleva un compromiso con tus valores. Tu marca debe fundarse en el amor, en la verdad y en la generosidad. Paradójicamente son estos valores los que generarán adhesiones inquebrantables hacia ella. No hay nada más poderoso que la generación de una marca soportada en principios, si además es radical y sexy, esta es imparable.

El proceso de crear tu marca personal desde el contrapensamiento se sustenta en localizar primero el concepto y después alinear tu talento a él, sin dejar espacio a ningún tipo de mapa mental. «Conceptualizar tu marca» desde la libertad. Por qué no vas a reiniciar tu marca personal en Sidney en vez de en tu Valladolid natal. Por qué no reconduces tu carrera de abogado hacia ser escritor de *bestsellers*. Por qué no,

HAZ LA
GUERRA CON
UNA
MÁQUINA DE
HILAR, COMO
HIZO GANDHI,
Y DEJA LOS
TANQUES
PARA LOS
PERDEDORES.

siendo cómico, te reinventas como *speaker* de negocios. ¿Por qué? ¿Por qué tienes que ser asesor financiero?, ¿porque has estudiado para ello?, ¿porque llevas veinte años haciéndolo? Dale a la ruleta de tus pasiones, mira dónde señala la flecha y adapta tu talento a esa nueva marca. Si lo haces desde los valores harás historia, cosa impensable desde el pensamiento vertical, más difícil desde el lateral, pero, como digo, posible desde el contrapensamiento.

Haz la guerra con una máquina de hilar, como hizo Gandhi, y deja los tanques para los perdedores.

El Pensamiento Vertical es un pensamiento mediocre, generado por una mente apalancada, llena de capas de cebolla incapaz de salirse de lo convencional. Las soluciones que propone para tu marca personal son soluciones convencionales, carentes de valor añadido. Por el contrario, el Pensamiento Lateral transforma el pensamiento vertical en propuestas de valor asociadas a la innovación. Si hablamos de Contrapensamiento, nos encontramos con un pensamiento liberador, sin ataduras, en tanto en cuanto no tiene ninguna asociación a los otros dos tipos de pensamiento y nace directamente para crear soluciones iluminadoras. Solución iluminadora quiere decir que posee la capacidad de iluminar en su acción nuevos caminos que otros pueden recorrer. Propiamente las marcas religión nacen del contrapensamiento y sus seguidores se benefician de su iluminación creativa.

No tengas miedo a ser disruptivo, de hecho, te animo fervientemente a que lo seas. Piénsalo desde donde yo te digo: el mundo existe porque tú existes, es uno de nuestros principios. Si tú cierras los ojos, nada queda en pie. Por tanto, ten en cuenta que eres dios, el que hace posible que todo exista, y si ese «todo» no te gusta, tú puedes cambiarlo. Nada te aleja de poder hacerlo y convertir el mundo en tu paraíso deseado, aunque esto suponga darle la vuelta. No te conformes con lo que parece que te corresponde, estás en guerra, debes conquistarte a ti mismo.

## EMITIMOS EN FRECUENCIAS

Sintonizar correctamente tu frecuencia es fundamental para crear una comunidad de fieles a tu causa. Tú eres una frecuencia en tanto que emites un mensaje que quieres que cale en un público y deseas que este te comprenda. Para ello, debes generar un mensaje honesto y necesario que llegue sin interferencias al público que esperas. Debes tener muy claro quiénes quieres que formen parte de tu comunidad. Es difícil, yo diría imposible, crear una comunidad en la que incluyas «a todo el mundo». Por eso debes valorar certeramente cuáles son esos públicos objetivos para los que tu marca pueda ser útil. Lo mejor en estos casos es empezar por concretar qué público es o son los que no te interesan desde el punto de vista de que no estáis en la misma sintonía. De otra forma, lo primero que hay que hacer es destruir, despejar el camino de personas que difícilmente pueden sumarse a tu frecuencia.

*[Pausa: Te cuento una anécdota que me pasó al hilo de estar en la misma frecuencia o no. El contexto era que un amigo celebraba su cuarenta cumpleaños y, por aquello de rememorar los «maravillosos ochenta», nos*

*pidió que nos disfrazáramos de personajes de entonces.*
*Total, que me dije: «voy a disfrazarme del mítico tenista*
*Björn Borg y arraso». Como no practico tenis me fui a*
*una tienda del gremio a comprarme lo necesario.*
*—Hola, que este fin de semana tengo una fiesta de los*
*ochenta y voy a ir de Björn Borg.*
*—¿Bior Bor? ¿Y quién es ese?*
*—¡Cómo! Borg, McEnroe...*
*—¿Maquenrou?*
*—Sí, hombre, el de «la bola entró».*
*—Ni idea.*
*—Bueno..., pero ¿tú sabes algo de tenis o has aterriza-*
*do aleatoriamente en esta sección?*
*—Yo es que en los ochenta tenía meses.*
*—Ya, pero es un tema de cultura general macho y más*
*si trabajas en la sección de tenis.*
*El caso es que después le dije que me sacara unos calce-*
*tines blancos de los de toda la vida con la raya roja y la*
*raya azul y de repente le explotó la cabeza, me fui deses-*
*perado. Ahí lo tenéis, un claro ejemplo de sujeto marginal*
*y contracultural, ajeno a mi frecuencia temporal, con el*
*que básicamente era imposible sintonizar y con el que*
*duramente iba a poder establecer comunicación alguna.]*

Hay muchas variables de frecuencia, pero volviendo al principio te diré que lo mejor es que focalices, que no intentes contentar a todos y que desde la ambición honesta de querer convocar al mayor número posible de adeptos a tu comunidad, empieces por cargarte a quienes directamente no van a comulgar con tu forma de expresión por la naturaleza de tu marca.

Personas que:

• Tienen una energía negativa: hay gente que entra en tu vida y su sola presencia te da mal rollo, aunque no abra la boca.

• Preguntan «cómo»: esos sujetos que a todo lo que les dices te preguntan «cómo» y crean un bucle infinito hasta que les contestas «pues dejando de preguntar y empezando a hacer algo ya si eso...».

• Son funcionales obsesivos: los que no creen en nada si no les cuadra la hoja Excel y viven en un mundo aséptico, sin matices, plano.

• Son contertulios profesionales: aquellos que nacieron sabiendo ya de todo y no dejan un hueco libre para «escuchar» a alguien que plantea opciones alternativas.

• Descreídos patológicos: «Peter, estoy pensando dar un cambio en mi vida», «Te la vas a pegar», «¡Pero si todavía no te he dicho qué voy a cambiar!», «Es igual».

• Son estúpidas desde el ADN: principalmente quienes lo son no lo saben y se empecinan.


Tu comunidad tiene que crearse con base en un segmento de fieles potencialmente alineados a tu frecuencia, sanos y limpios. Personas que:

• Tienen energía positiva y la propagan con generosidad.

• Que prototipan, se arriesgan, dan juego y ven oportunidades en casi todo.

• Son creativas, innovadoras, saben que las grandes cosas se han llevado a cabo porque *a priori* no cuadraban en una hoja Excel.

• Personas épicas que queman sus naves en cada misión.

• Que practican la escucha activa, deseando aprender de

cada experiencia, de cada persona que se cruza en su vida.

• Que viven desde la verdad y no tienen miedo a mirarse al espejo.

• Que no son estúpidas o que, si lo son, lo saben y hacen algo por dejar de serlo.

• Compasivas, que saben perdonar y perdonarse cuando la intención es la de hacer bien las cosas.

Saca de tu vida a todos los que conforman el primer listado, de hecho, como te decía, «destruye» tu comunidad antes de crear una nueva para tu marca personal. Una vez hecho esto, lanza un mensaje de amor poderoso e indestructible en una frecuencia que pueda ser escuchada por aquellos que quieras que compartan tu vida.

Uno de los ejercicios más sanos que pueden existir en una empresa es echar clientes. Es lo más rentable del mundo. Piénsalo bien. Pon el foco en uno de tus clientes tóxicos..., sí, ese. ¿Cuántas horas, energía, recursos y amarguras gastas en él? Saca la cuenta y piensa qué podrías hacer si todo ese esfuerzo por contentarle lo invirtieras en otro no tóxico. Personalmente, hace años tomé la decisión de no trabajar para nadie que me amargara la vida, y soy más feliz. De hecho, es un ejercicio de honestidad profesional: si no nos comunicamos en la misma frecuencia, no podemos ayudarnos.

*[PAUSA: cuando nacieron las redes sociales diseñamos en mi agencia una vez más nuestra web, su frontpage no enlazaba con nada, solo con nuestras redes sociales. Queríamos huir de la típica web cuya navegación te llevara a secciones tipo «misión, visión, valores»,*

*«lo buenos que somos», «hacemos de todo», «nuestros clientes son lo más», etc. Decidimos dejar que fuera nuestra comunidad de clientes-amigos, proveedores y colegas la que se expresara a través de las redes sociales y valorara por sí misma lo que nosotros éramos y no al revés. Utilizamos Facebook para colgar nuestro día a día de la agencia, Twitter para conversar, Flickr para colgar nuestro portfolio de trabajos. Dejamos todas las redes abiertas y logramos mandar dos mensajes importantísimos a nuestro mercado: uno, nuestro trabajo nos define y nos interesa tu opinión; y dos, si no tienes cultura 2.0 no estás en nuestra frecuencia y es imposible que nos entendamos. Fue maravilloso, recuerdo que potenciales clientes nos decían que no entendían nuestra web, otros nos tacharon de no ser funcionales (nunca lo hemos pretendido), algunos tuvieron miedo de nuestro radicalismo y optaron por buscar otra agencia. ¡Genial! En todo caso, cuando decides una estrategia honesta, es vital que lances tu mensaje en la frecuencia apropiada para no engañar a tu mercado: si la innovación te asusta, elegir mi agencia es una mala opción. Dicho de otra manera: no perdamos el tiempo.]*

No perdamos el tiempo, el mercado no es importante, «tu mercado» sí.

Una vez comprendido esto debes intentar, no obstante, que tu comunidad sea lo más amplia y rica posible dentro de tu frecuencia. Somos autores, personas que tenemos algo que decir y que, en última instancia, buscamos inspirar a otros para transformar el mundo a mejor entre todos. Debemos ser

# NO
# PERDAMOS EL TIEMPO,
# EL MERCADO
# NO ES IMPORTANTE,
# «TU MERCADO»
# SÍ.

generosos y ambiciosos en esto cuantos más miembros tenga nuestra religión, mayor y más bello será su impacto.

Emite en una frecuencia que tu comunidad pueda sintonizar.

La mayoría de las personas responden a tres registros básicos a la hora de acceder a la comprensión de la información. Los individuos somos seres visuales, kinestésicos o auditivos. Todos tenemos parte de cada uno de estos registros, pero en cada uno de nosotros predomina uno de ellos.

Visuales son aquellos que para comprender las cosas se las tienes que dar en formato fotográfico. Ejemplo:

—Bob, me acabo de comprar un trigal enorme. Voy a dedicarme al cultivo intensivo de trigo.

—Qué bien, o sea que grande, eh.

—Sí, sí, es como dos veces el Santiago Bernabéu.

—¡Bueeeeeenoooo, qué pasada! ¡Pedazo trigal! ¡Eres un campeón!

Kinestésicos son aquellos que el concepto lo entienden si apelas a sus emociones, a sus sentimientos. Ejemplo:

—John, me acabo de comprar un trigal enorme. Voy a dedicarme al cultivo intensivo de trigo.

—Qué bien, o sea que grande, eh.

—Sí, sí, más grande que el amor que siento por mi madre.

—Bueeeeeenoooo, ¡qué pasada! ¡Pedazo trigal! ¡Eres un campeón!

Auditivos. Por último, están aquellos a los que los dibujitos y los sentimientos no les aportan nada en términos de comprensión. A estos hay que darles datos o vete despidiéndote de que te entiendan (ingenieros y tal). Ejemplo:

—Tom, me acabo de comprar un trigal enorme. Voy a dedicarme al cultivo intensivo de trigo.
—Qué bien, o sea que grande, eh.
—Sí, sí, exactamente 1,9 hectáreas de terreno escriturado.
—Bueeeeeenoooo, ¡qué pasada! ¡Pedazo trigal! ¡Eres un campeón!

Cuántas veces has estado en una reunión presentando un trabajo y has notado que los asistentes no se han quedado con nada, han salido fríos y, en definitiva, no has logrado hacerles comprender el objeto de tu discurso. Seguramente no has tenido en cuenta el perfil de las personas receptoras de tu mensaje. Si vas a una reunión donde tu audiencia es visual, con cuatro diapositivas que contengan cuatro fotografías del concepto que vas a exponer es suficiente para que te entiendan. Si por el contrario es auditiva, deberás añadir a esas diapositivas unas cuantas que argumenten con datos exhaustivos la exposición visual. Y si estás ante un público kinestésico, preocúpate de que tu discurso contenga un mensaje épico, retador, que conecte con sus emociones.

## LOVE IMPACT

Teniendo en cuenta que todos buscamos trascender en un campo de batalla lo más amplio posible, no permitas que tu

# EL ARMA MÁS PODEROSA QUE EXISTE EN TU VIDA ES EL AMOR.

frecuencia se fundamente en algo que no sea el amor. El amor es atractivo, conquista, es la fuerza principal sobre la que debes fundar tu marca personal. Esta frecuencia es indestructible: atrae a todos y expulsa por sí misma a quienes aman de forma especulativa y no de manera incondicional.

El arma más poderosa que existe en tu vida es el amor.

Por tanto, si estás pensando en mejorar o crear tu marca personal, hazlo sobre la base del amor incondicional. Cuando tú amas incondicionalmente, nadie te puede hacer daño. Si has creado una comunidad de fieles no tóxicos y les ofreces tu amor incondicionalmente es imposible que no seas mil veces compensado. Cuando hablo de amor hablo de «verdad» y «generosidad», cuando hablo de «incondicional», hablo de que no esperes que este amor sea correspondido. Porque, para que lo sea, debes no esperarlo. Es paradójico pero cierto.

Una marca es algo fertilizador, en todo momento siembra con bondad el entorno, sabiendo que en lo inmediato igual no puede esperar un *feedback*, pero que en las medias y largas distancias esta estrategia terminará por dar sus frutos. Las personas que realmente impactan en tu vida y son recordadas son aquellas que han sido buenas contigo y te han dado sin pedirte nada a cambio. El resto, pasado el tiempo, son depositadas en el contenedor de la basura de la memoria y olvidadas para siempre.

¿Cuál es tu capacidad de amar, de impactar positivamente en tu comunidad? Dalo todo. Serás una marca de éxito.

Nadie puede generar fieles a su movimiento si este no está basado en el amor. Ningún movimiento que no esté basado en el amor perdura. Alguien que lidere desde el odio puede alcanzar un éxito especulativo y no duradero, pero no un éxito perdurable y saludable en términos de felicidad. Sé que estás pensando en muchos sujetos que crees que son exitosos aun siendo personas sin escrúpulos y, sin embargo, no es verdad. Parece que son personas de éxito, pero no lo son, y ellos lo saben.

Está probado que quien fundamenta su vida en el amor recibirá amor y quien la fundamenta en el odio, odio. El odio es una tierra donde no crece nada, no vale la pena sembrarla.

La bondad es algo que nuestro cerebro procesa mal. Le es más fácil reaccionar con proporcionalidad: *tú me odias, yo a ti también, tú me amas, yo te engaño o... vale, también te amo, pero con recelo.* Hay que educar al cerebro, incluso anularlo en este aspecto, y dejar a tu «yo interior» que maneje la situación.

*El arte de la guerra* de Sun Tzu es probablemente el libro más apasionante que existe en términos del poder del bien sobre el mal. La mayoría de la gente, cuando gana una batalla, lo primero que hace es pasar por la piedra a todos los prisioneros, quemar la aldea que acaba de asediar y en un descuido a todos sus habitantes, ya total. MAL, CERO, HORROR. ¿Qué es lo que haría el general chino autor del libro? Integraría a los prisioneros con honores en su ejército para hacerlo más fuerte; intentaría conquistar la aldea sin destruirla, porque al final de la batallita será suya; y daría de comer y beber a sus gentes transmitiéndoles que no había sido nada personal, que su exrey estaba muy loco y el nuevo, sin embargo, iba a ser estupendo, así que, venga, ¡todos al campo a labrar la tierra para el nuevo rey!

Así contado, puede resultar algo cómico, pero la realidad es que Sun Tzu pensaba que, una vez iniciada la guerra, ambos bandos habían perdido. Y es que una guerra o una relación de «no amor» no genera más que destrucción y malas consecuencias, aunque finalmente seas tú el vencedor.

*[PAUSA: Wall Street, la película de Oliver Stone protagonizada por Michael Douglas y Charlie Sheen en la década de 1980, ha hecho muchísimo daño al «arte de la guerra» de Sun Tzu. A partir de la película, muchísimos ejecutivos han hecho de este libro su manual de cabecera, sin tener la capacidad de interpretarlo o haciéndolo muy mal. El arte de la guerra es un libro con base taoísta que defiende la paz por encima de todo. Si no es posible llegar a un acuerdo en términos pacíficos y en última instancia hay que solucionar un conflicto en términos bélicos, es aquí donde Sun Tzu te da las pautas para defenderte y ganar la guerra causándote el menor daño posible a ti mismo y al contrario. Lo que Sun Tzu no pone en ningún lado es que cojas su libro y apliques su estrategia para romper los mercados, deshonrar a tu oponente, machacar a tus subordinados y ser un líder déspota.]*

El poder del amor y su impacto en la sociedad es inconmensurable. Cuando tú construyes tu marca debes tenerlo muy presente. En un mundo donde miles de marcas coexisten con sus mensajes y productos, con sus diferentes narrativas; en un mundo confuso donde los cuerdos transitan los mismos caminos que los locos; en una vida única como la tuya, limitada por el tiempo; no puedes dudar, el amor es la respuesta a todo. Entrar en el juego de la miseria humana no te hará nunca alcanzar el éxito, el amor sí. Por eso:

• Ama a tu enemigo y deja que él vaya por su camino. Si te lo encuentras en el tuyo, la culpa es tuya por estar en el camino equivocado.

• Comparte tus experiencias y conocimiento con generosidad a expensas de ser copiado. Tú eres un ser creativo y nunca podrán quitarte la posibilidad de crear de nuevo.

• Cuando el mundo conspire contra ti, piensa que nada es eterno y que la verdad siempre acaba por imponerse.

• Si tocas fondo, acoge ese momento con alegría, porque es el comienzo de tu ascensión.

• No te rodees de mediocres y palmeros, dan mucho trabajo y no suman nada.

• No hagas ordinario lo extraordinario, la vida está llena de momentos increíbles, no permitas que se diluyan en la rutina. Estate siempre alerta.

• Haz del amor tu religión y ama como si no hubiera un mañana, porque no lo hay. Solo estamos tú y yo, aquí y ahora.

El ser humano es un ser espiritual. En el fondo de su alma sabe que el amor es lo único que vale la pena y lo único que le puede mantener en pie ante la adversidad. Cuando las cosas te vayan mal, tómate un té contigo mismo y pregúntate si has hecho todo lo que podías para alcanzar el éxito. Si desde tu corazón la respuesta es afirmativa, estarás en paz contigo y con el mundo. Si por el contrario es negativa, coge las riendas de tu marca y reconduce la situación desde el amor, nada hay que no se pueda solucionar desde ahí.

—¿Y qué tiene que ver esto con que yo quiera tener una buena marca personal para ser el gurú de los seguros de vida y accidentes?

—Pues que para ser algo más que un triste vendedor de pólizas vas a tener que darme un poco de amor.

**NO HAGAS
ORDINARIO LO
EXTRAORDINARIO.**

—¿Cómo, qué?

—Si me mato en un accidente de coche, ¿vas a preocuparte personalmente de que a mi mujer e hijos no les falte de nada? Mírame a los ojos cuando te hablo, ¿lo vas a hacer?

—Te lo juro, aunque sea lo último que haga.

—Soy fan tuyo, ¿dónde hay que firmar?


## EL PODER DEL SILENCIO

Adoro el silencio. Me parece, junto con el amor, la segunda arma más poderosa para comunicar. Comunicar con el silencio. ¡Qué belleza! ¡Qué poderoso! No hay nada más sofisticado y preciado como ser capaz de comunicar sin aparentemente hacerlo.

Para mí, Zara fue un claro ejemplo de ello en sus comienzos. Una empresa que durante sus primeros años de existencia no abrió la boca y, no haciéndolo, creó toda una estrategia de comunicación que la envolvía de misterio y atracción. Los clientes se encargaban de publicitarla. Ellos, los clientes, se encargaban de alimentar la narrativa de la marca boca oreja, vía chollos que habían encontrado, contando su experiencia de compra, paseando por sus tiendas de diseño, reflejándose como en un espejo en sus impolutas y eficientes dependientas. El misterio que rodeaba su narrativa engrandecía día a día su discurso de marca, los clientes especulaban con historias difícilmente constatables. Habían oído que los diseñadores de Zara acudían a las pasarelas a «copiar» las últimas tendencias y que, por tanto, uno se podía vestir de Armani pero por «cuatro euros»; que Amancio Ortega, ese gurú inaccesible que jamás había sido fotografiado y que nunca concedía entrevistas, era alto, bajo, un genio, un tipo con suerte, de tu pueblo, de Marte... ¡Fantástico! El silencio era su mejor estrategia de comunicación, ellos lo sabían y se esforzaban en que pareciera que no daban importancia al marketing, cuando lo que realmente hacían era el marketing más sofisticado, el que parece que no existe.

En general, existe un uso desmesurado del lenguaje. Estamos en una sociedad que habla demasiado. Todo se explica, se debate, se aclara, se repite; te lo digo por correo electrónico, por carta, por WhatsApp, a través de Twitter, en mi blog, cantando, silbando. ¿Y por qué? Es obvio que comunicarse es bueno, de hecho, es una de las grandes maravillas que tenemos a nuestro alcance. Sin embargo, creo que una de las causas del excesivo uso de la comunicación puede ser la falta de contenido en lo que uno tiene que decir. Me explico:

—Hola, Paco, me he tirado a tu mujer.

Esta es una frase irrefutable, contundente. No necesita de mayores adornos, ni circunloquios. Es rápida, proactiva y cae como una losa de gran tonelaje sobre el mapa mental del sujeto receptor, creando en él una gran satisfacción en términos de comunicación. En este caso hay contenido, se dice y ya está. No es necesario hablar mucho cuando tienes algo que decir.

*[PAUSA: Un día que en mi agencia buscábamos un diseñador gráfico, pensamos en hacer un anuncio en*

prensa con una doble intención: por un lado, encontrar un nuevo diseñador (lo obvio), y por otro, lanzar el mensaje de que no era necesarios grandes dispendios, ni formatos para impactar, siempre y cuando tuvieras un mensaje claro que lanzar y lo hicieras creativamente. El original que diseñamos era de cuatro módulos en blanco y negro.]

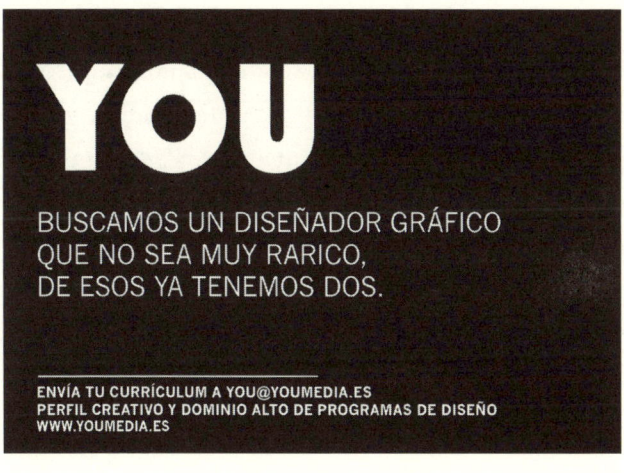

[OTRA PAUSA: De vez en cuando nos juntamos un grupo de fieles a Apple y al té. Nos reunimos para ponernos al día sobre las nuevas aplicaciones que salen al mercado para iPad e iPhone, mientras bebemos té verde chino o japonés. Me pareció interesante crear una marca para el evento, sobre todo por el reto que suponía hacerlo desde la simplicidad.]

Preocúpate de que tu marca sea comunicada de forma escueta, sin caer en la tentación de sobrecargar tus mensajes. La simplicidad es tu mejor aliada. Haciendo un uso simple de las herramientas que tienes a tu disposición y huyendo del ruido acertarás siempre. Huye de esa molesta forma de comunicar que tienen aquellos que no tienen base intelectual y que creen que la pueden suplir estando en todos los sitios sin decir nada.

Cuando logres que tu marca hable por sí misma, que sus atributos surjan en la mente y el corazón de tu comunidad sin necesidad de abrir la boca, siendo ellos tus mejores prescriptores, en ese momento tú y tu mercado formaréis un todo.

Si te digo:

Albert Einstein

Nelson Mandela

Michael Jordan

Bob Dylan

Tom Peters

Buda

¿Qué datos, emociones o imágenes te vienen a la cabeza tan solo diciendo sus nombres? ¿Qué me podrías contar de ellos? ¿Muchas cosas, verdad? Ellos son marcas personales que han conquistado el poder del silencio.

# PÉGATE UN TIRO.

# PÉGATE UN TIRO

Simplicidad y humor. Si procede hazlo con humor, si careces de él, pégate un tiro. Reírse de uno mismo además de sano, es una forma de expresión valiente. Las personas que comunican desde el humor es porque han alcanzado la relatividad y tienden a no dar tanta importancia a las cosas que no la tienen.

Siempre debes ser una marca que comunique desde la estrategia y teniendo en cuenta el libro de estilo, los mensajes fuerza, *stakeholders* y demás cositas que te han enseñado en el máster que has hecho; sin embargo, el día que pierdas la frescura, la espontaneidad, el humor, la posibilidad de relativizar las cosas, ese día habrás perdido toda tu capacidad de comunicar, recuérdalo.

Poseer una marca personal es ante todo un motivo de alegría, y como tal debes vivirlo. No caigas en la tentación de promover debates absurdos sobre ella o «la verdad» sobre la que se sustenta. ¿Qué es la verdad? ¿A qué huelen las nubes? Ten compasión contigo mismo y no seas intenso, ríete un poco de todo y fluye, nada es tan importante. «Es que mi socio no se ríe apenas y es el que lleva las cuentas». Pues dale un abrazo fuerte, no ves que está necesitado de cariño, no ves que lleva toda la mañana de bancos el hombre...

—¡¡¡Porque te voy a jaaaaaaaarrrr, y después de jaaaaaaaarrrrr te voy a juuuuuuuuuuurrrrr!!! ¡Que estoy muy loco!

—Tranquilo, tigre, que vamos a estar aquí un rato y te va a dar un ictus para nada.

—Eiiinnn.

—Que sí, hombre, que sí, que para ti la perra gorda... Hala, tranquilo, vamos a tomarnos un Kas y déjate de odios que me dan pereza.

Hay un famoso koan de la tradición zen que dice: «Si encuentras a Buda, mátalo». Mi interpretación de este koan, otros tienen la suya, es que lo importante de la vida es vivir, no la vida en sí. La vida es una mota de polvo en el espacio-tiempo. No pierdas la oportunidad de vivir, por mucho que la vida te apriete. Quien dice vida dice bancos, jefe, consejo de administración, políticos, descreídos patológicos, en fin, esos.

Que el positivismo se refleje en tu pensamiento para poder trasladarlo a tu proyecto de forma natural y después a tu conversación con los mercados.

El positivismo es un poder que nos ha sido regalado y su arma más constructiva, el sentido del humor. Úsalo, solo tienes que tomarlo y verás cómo, de forma mágica, surge una energía sexy a tu alrededor que atrae a fieles y extraños.

Te hablaba de Buda y te he mencionado la Navidad. Recuerdo un día de diciembre en el Centro Zen de San Francisco, cuando el maestro que dirigía el encuentro sacó de repente una cartulina donde había dibujado un Buda con el gorro y la barba de Papá Noel. Fue una forma impresionante de desearnos a todos una feliz Navidad. Que una persona desde su profunda creencia en el Budismo Zen fuera capaz de reírse de sí mismo así me pareció algo extraordinario. De esa manera, con tanta bondad, con tanto desapego a «su verdad» y con tanto respeto a una cultura como la nuestra, que acoge con tanta pasión a un personaje tan insulso y superficial como es Papá Noel. Un sujeto que adquirió su máxima popularidad gracias a una campaña de Coca Cola.

# PARTE 4.
# COMUNICACIÓN LIQUIDA

## GOOGLÉATE, ESE ERES TÚ

Un sano ejercicio en marca personal es teclear tu nombre y apellidos en Google, darle al intro y ver qué pasa.

1. Nada = No existes.

2. Estas ahí = Estás ahí junto a tus multas, a unas fotos bailando la conga en la boda de tu primo Juan Luis, junto a todo tipo de datos relativos a la asociación de belenistas a la que perteneces y a un par de menciones honoríficas de una trastada que hiciste en tus años locos.

3. Estás ahí = liderando tu marca personal, de forma estructurada y consecuente con la imagen que deseas proyectar.

Creemos que podemos elegir, pero no es verdad. En la década de 1990 nace lo que hoy entendemos por internet. Desde entonces hemos ido nutriendo un animal que hoy danza desbocado por el mundo, haciendo y deshaciendo a su antojo, sin que se le pueda echar el lazo o domesticar. Para algunos esta es su virtud, para otros, su pesadilla. A mí este debate ahora no me interesa, lo único que quiero que entiendas es que tu marca personal no puede vivir al margen de este animal desbocado, independientemente de que te guste más o menos. Y que debes ser tú quien lidere el posicionamiento de tu marca en la red, antes de que sea ella o terceros quienes lo hagan.

La política reactiva en internet no sirve. Son muchos los ejecutivos que deciden no «estar» en las redes sociales y son muchos los que un día se levantan y ven que tienen un problema importante entre sus manos. Sus clientes, familiares, amigos y enemigos se han encargado, con sus aportaciones y etiquetas, de crear su perfil sin contar con él. Un perfil que puede o no asemejarse a la realidad.

Hay casos especialmente críticos de personas que en el pasado tuvieron un conflicto y que descuidaron su comunicación personal, dejando huella de este en los buscadores y quedándose allí para siempre por aquello de la reactividad. Esto no puede ser. En cualquier actividad siempre hay claroscuros o personas a las que caes mejor o peor, no puede ser que tu marca esté en sus manos por ignorancia o por desidia. Internet es el mayor contenedor de información y tú debes ordenar tu casa.

Recuerdo a una persona que hacía años había sido noticia por una tontería y que, después de mucho tiempo, cuando ponías su nombre en Google, seguía apareciendo la noticia en los tres primeros puestos de su primera y única página de resultados. Caso como el de un sujeto con un alto prestigio en su sector que rompió con su socio y este creó un blog solo para difamarlo de forma anónima, siendo esta la única fuente de información que nutría su perfil en la red. Caso de otra persona que en un vídeo hablaba de las virtudes de una empresa y al cabo del tiempo fue contactado para trabajar para su competencia, que, al ver el vídeo, desistió en su intención. En fin, casos, casos y casos...

Todos ellos casos reales que se podrían haber solucionado si entendieras que, quieras o no, eres una marca, y quieras o no, internet está ahí para dejarlo claro.

Cuando tienes una presencia de marca activa en la red, lo lógico es que tú seas el propietario del dominio de tu marca y que las dos primeras páginas de los buscadores estén llenas de la información que tú mismo has generado en tu web, blog, redes sociales y demás.

Ten en cuenta que Facebook, Twitter, Pinterest, Instagram y demás, son a su vez también buscadores de marcas personales, con lo que todo lo que postees o se diga de ti allí debe estar igualmente bajo tu conocimiento y control. En definitiva, hablamos de liderazgo.

Piensa además que, en la mayoría de los casos, cuando vas a una entrevista de trabajo, independientemente de la imagen que hayas podido dejar en tu interlocutor, este suele googlear tan pronto como te hayas ido tu nombre en internet o entrar en Facebook, LinkedIn, Twitter, etc. para recabar más información sobre ti. Es posible que pienses que como tienes un perfil maravillosamente creado en LinkedIn ya has hecho la tarea. Pues no, yo casi nunca miro LinkedIn, porque sé que te has esforzado en poner bien clarito que eres fantástico y el hijo que todas las madres desean. Yo suelo rastrear tu perfil en redes sociales alejadas de tu actividad profesional y ver cómo te comunicas en ellas. Generalmente ahí se encuentra «tu verdadero yo». Por tanto, no haces nada cuidando tu perfil «solo» donde se te espera, lo debes hacer en todo momento y lugar.

Sin embargo, no me interesa hablar contigo de «estar en internet por miedo» sino de «estar porque tienes una misión». Tu marca es un proyecto digno de ser difundido, y por ello es necesario que abras sus puertas y ventanas para que todo aquel que sea receptivo pueda participar en su construcción de forma transparente y viral. Yo quiero estar en internet porque tengo cosas que decir, porque quiero que el máximo número de personas sepa cuál es mi misión y, además, me puedan ayudar sumándose a ella, aportando y enriqueciéndola. Incluso retándome para que pueda mejorarla.

Todavía recuerdo cuando empezábamos en mi agencia y decíamos a las personas y empresas que tener una web era capital en su estrategia de comunicación; nos contestaban despectivamente: «¿pero eso ya sirve para algo?». Posteriormente, cuando ya la cultura web se había afianzado en el ADN corporativo de las compañías, claramente el mercado tomaba posiciones en las redes sociales y vivimos un momento parecido. Intentábamos convencer a las marcas de que allí había gente y, por tanto, que este era un lugar donde debían estar. Además, hablábamos de un lugar con una cultura diferente, positiva, que presentaba nuevos paradigmas en la relación empresa-cliente. La respuesta generalizada era que ese *no era un lugar apropiado para posicionar una empresa «seria»*. Hoy las marcas que se anticiparon son las que más partido están sacando a las redes sociales y las que más preparadas están para acometer un nuevo mundo en términos de comunicación, donde el espacio sólido en el que se desarrollaba es líquido.

Que exista internet no quiere decir que salgamos a la calle a quemar bibliotecas, parar las rotativas, que no sigamos esquilmando los bosques para hacer papel, etc. ¡NOOOOOOOOO! Ahora bien, lo que es indiscutible es que internet cambió el escenario de las marcas y de la comunicación, y hoy cualquier estrategia pasa por la inclusión clara y decidida de los dos mundos: el de toda la vida y el digital. Yo no soy radical, para mí no existe la comunicación 1.0 y la comunicación 2.0, para mí existe la «comunicación», ese espacio donde conviven todos los soportes en tanto en cuanto son útiles para comunicar.

## ANTES ESCAPARATES, AHORA RÍOS

Para crear tu marca es indispensable que comprendas el nuevo entorno de comunicación que surgió desde la irrupción de internet. Un entorno que en el pasado era sólido y que hoy es líquido.

Antes la comunicación era un sólido tangible que se colocaba en el escaparate de la información y que la gente veía, le gustaba o no, lo consumía o no y punto. Ahora esto ha cambiado. La comunicación es un compuesto de elementos sólidos 1.0 —como son artículos, anuncios en prensa, spots de televisión, vallas publicitarias, apariciones en radio, etc.— a los que hay que sumar los propios de internet y sus redes sociales: posts, tuits, tableros, chats...

Este nuevo compuesto de información tiene una peculiaridad importantísima. Así como antes la viralización por parte del receptor estaba limitada a su familia, amigos y vecinos, ahora el impacto que es capaz de desprenderse de una información en la red puede dar la vuelta al mundo. El receptor ya no es únicamente receptor, es además un nuevo emisor, porque a través de su influencia social puede y quiere formar parte del hecho comunicativo del que antes no podía participar. Ahora recibe la información, la sopesa y, en el mejor de los casos, la enriquece con sus aportaciones y la redifunde a una comunidad que actúa de igual manera.

La comunicación es como un río que inunda la sociedad de la información. Un río capaz de retroalimentarse y de generar a su vez más información; es un río donde la gente se baña, bucea, nada, salpica...

La comunicación es líquida y participativa, está formada por miles de gotas que son receptores-emisores que conforman un río caudaloso o que hacen que tu marca no pase de ser un simple escupitajo. No podemos contar con que, por sí misma, la comunicación sea lo que el primer emisor pretenda que sea. Será eso más la suma de todos los que posteriormente muestren su interés por formar parte del mensaje.

El cambio de sólido a líquido de la comunicación es capital si queremos transmitir con eficacia al mercado. El reto de la estrategia de comunicación es entenderlo y utilizar las herramientas necesarias para controlar este factor que *a priori* es incontrolable.

«Controlar lo incontrolable». Existen multitud de herramientas técnicas para gestionar el caos, pero ninguna más eficaz que la verdad y la honestidad. Diría que más allá de la complejidad de estas herramientas y sus versiones premium, ninguna sirve para nada si no se sustentan en dicha verdad y honestidad. Se dice que la mentira tiene un recorrido muy corto, en la era de las marcas con alma y la comunicación líquida, apenas un post.

La comunicación es líquida y no es un coto privado, nos pertenece a todos; comunicar depende de ti y de los medios que tienes a tu alcance, principalmente gracias a las redes sociales; tu mercado es proactivo, en vez de reactivo, fieles con los que puedes contar para escalar tu mensaje y hacerlo imparable. Teniendo en cuenta todo esto, podemos generar acciones de comunicación mucho más poderosas que sean capaces de obtener un alcance y trascendencia muy superiores a los que una marca solía tener cuando era sólida e inmutable.

## RÍOS, CHARCOS, ESTANQUES Y ESCUPITAJOS

El objetivo de tu marca es crear un río maravilloso cuyo caudal esté integrado por ti y por el máximo número de fieles posible en tu misma frecuencia.

No tendrás poder si los fieles a tu religión no te lo dan. No podrás amplificar tu mensaje si ellos no son tu altavoz. No podrás ser un río si no creas una comunidad desde el amor hacia ellos. La comunión entre tu comunidad y tú es algo que debes trabajar y mimar. Para mí hay algunas pautas que se deben seguir para hacer de ti, «pequeño escupitajo insignificante», un río capaz de atravesar montañas:

- Sé auténtico, sé conforme a tu naturaleza.
- Di siempre la verdad. No mientas nunca, aunque la verdad sea incómoda.
- Crea una comunidad de calidad y trata a cada uno de sus

miembros como personas individuales, no como parte de una masa.

• Piensa que tú puedes dar nombre al río, pero que ellos son las gotas que lo hacen posible. No subestimes su capacidad de volver a convertirte en un escupitajo si no les das el valor que tienen.

• Escucha antes de hablar, conversa siempre.

• Tu comunidad no son palmeros, son personas que con su participación te hacen ser mejor.

• Haz cómplices de tus éxitos a tu gente y de los fracasos a ti solo. Tu comunidad te conducirá al éxito si tú tomas las decisiones correctas, si no las tomas no es por su culpa.

• Si entre tus fieles hay algún imbécil, sácalo de la ecuación, el resto también sabe que es un imbécil, y lo mismo que te molesta a ti, les molesta a ellos.


Cuando crees tu marca personal, piensa que en un mundo líquido eres un simple escupitajo y que tu comunidad es la que te puede convertir en un río caudaloso.

Crear una comunidad de calidad es directamente proporcional a la calidad de tu marca y a la capacidad de atracción y tracción que tenga tu narrativa.

Esto requiere tiempo y que tu marca sea tremendamente generosa en la calidad de sus contenidos y en tu actitud. El liderazgo no es un título que te dan en una escuela de negocios, el liderazgo es el reconocimiento que te otorga tu comunidad porque saben que eres una persona que les guías por nuevos caminos, porque les aportas valor y además lo gestionas con generosidad y humildad. Lo contrario es un charco.

Intentar especular con este liderazgo o intentar vender

una marca sin base intelectual, desde la frivolidad, son dos de las causas por las cuales puedes pasar de escupitajo a charco sin que medie un río donde bañarte. También puedes colarla y pasar de escupitajo a río, pero créeme que terminarás siendo un charco. Hay miles de ejemplos de ello.

Por eso, para mí es importantísimo que tu marca sea de verdad. La verdad no se penaliza en comunicación, la mentira sí, e intentar recobrar la confianza de las personas, si las has engañado con anterioridad, es una labor casi imposible, al igual que es casi imposible que tu pareja vuelva a confiar en ti si le has sido infiel.

La naturaleza de un río es fluir, el éxito de tu marca es que fluya. Fluir es un concepto que adoro. Por un lado, tiene la connotación de algo que tiene vida; y por otro, es algo imparable por naturaleza. Algo que fluye en su movimiento encuentra la vida y en el camino, su sentido. Si tu marca no fluye se estanca, si tu marca no es río, ni charco, ni un escupitajo, es un estanque. ¿Qué es un estanque? Un buen comienzo, un mal final.

Marcas que han fracasado porque han creado mal su estrategia y en algún lugar del camino se han quedado sin gas, sin discurso, sin poder de atracción, sin fieles. La mayoría de las veces, el fracaso es didáctico, personalmente prefiero aprender de forma menos traumática, pero esto pasa. Casi ningún emprendedor puede contar todos sus emprendimientos en éxitos, casi todos han fracasado en más de una ocasión y esto les ha hecho fuertes. Yo he fracasado algunas veces; me ha hecho más fuerte, sin duda, pero, sobre todo, mejor persona (creo). Si tu proyecto se estanca, intenta rescatar de él todo el aprendizaje intelectual que puedas, pero, ante todo, intenta que este sea un aprendizaje humano y solidario contigo mismo y los demás.

Uno de los *Business Angel* más curtidos de San Francisco me dijo en Stanford que de cada diez proyectos en los que invertía, ocho fracasaban. Y que él jamás invertía en emprendedores que no habían fracasado más de una vez.

## LA IMPORTANCIA
## DE LA INTENCIÓN ESTÉTICA

«Quien ha vivido un idilio constante con la belleza, morirá en sus brazos», Kakuzo Okakura, *El libro del té.*

Apúntate esto: tu marca debe tener una intención estética. *¡Eh!, que lo apuntes, coge un boli y escríbelo a fuego en tu Moleskine o en el* To Do *de tu smartphone. ¡Hazlo!*

Existe últimamente un inquietante divorcio entre la estética y la marca. Probablemente esto sea debido a la cantidad de plantillas que internet ha puesto a disposición de todos para promover marcas vulgares sin ningún tipo de intención estética.

Por otro lado, también el perfil periodístico, informático o funcional de las personas que a veces están al frente de la comunicación, y que carecen de hemisferio derecho cerebral, han hecho que las marcas antepongan la funcionalidad a la estética, como si se tratara de conceptos incompatibles. Alguien que defiende una marca y no defiende su valor e intención estética es simplemente alguien que no tiene ni idea de lo que habla.

Desde el mundo de los intangibles es conectar con el mundo de las emociones y de la parte subjetiva del ser humano. Es ponerte unos calzoncillos a todo correr y que te sientas mejor al darte cuenta de que son los de Calvin Klein. Es ver París, un atardecer de tacones y glamur en la Plaza Vendôme, donde otros solo ven un bolso con seis letras: CHANEL. Es sentir la poesía de la creación en tus manos más allá de la cosa en sí.

Desde la parte de los tangibles, qué decir. La representación estética es un valor contable, ni más ni menos. Cuánto vale un parque de atracciones si en la entrada pone Disney o Atracciones La Burgalesa. Cuánto vale un bolígrafo con o sin la estrella de Montblanc. Qué vale la entrada de un concierto de Sting o de un tipo sin marca que canta como él o mejor.

Para ti la estética debe ser una herramienta de estilo que debes acometer con pasión. A qué huele tu marca, a qué sabe, qué color la representa mejor, cuáles son sus tipografías, su lenguaje, su representación gráfica, en la red, su alma (propósito). A todas estas preguntas debes enfrentarte para poder diseñar una marca que realmente sea tuya y quieras tatuarte en la piel.

La creatividad es algo que tiende a ser abducido por el contexto y las circunstancias en las que te mueves. Estate atento porque pasa. Oblígate a cambiar de aires constantemente cuando sientas que tus registros estéticos en forma y fondo se van agotando. En mi caso la cosa se resuelve cogiendo un avión y aterrizando en una ciudad inspiradora. Paseo por sus calles, fotografío sus edificios, el metro, dejo que la energía de sus escaparates y anuncios luminosos penetren en mi interior, observo a sus habitantes, cómo visten, cuáles son las tendencias de su estilo de vida, me dejo ir, fluyo por sus venas, anulo mi mente y activo mi alma.

Creo que este libro lo empecé a escribir en Nueva York. Concretamente en el pub The Rose Club del hotel Plaza que al comienzo te mencionaba. Me senté, pedí un té blanco y me puse a pensar, es decir, a «no pensar», es decir, a meditar. Dejé mi mente en blanco para que se llenara de ese lugar, de esa ciudad y de ese momento. A mi mente llegaban las vallas publicitarias de Times Square, el sonido de Adele, el olor a comida de sus puestos ambulantes, las texturas de sus calles, la soledad del metro. Pero al final llegó el vacío. Y allí nació mi libro, en ese vacío, sin que ni siquiera yo lo supiese.

¿Dónde se encuentra tu vacío creativo? Ve allí a no pensar, a vaciarte para crear desde tu alma. Haz el Camino de Santiago, retírate a un monasterio, piérdete en un bosque, no sé, haz o ve a un lugar que te inspire energéticamente, que te vacíe para crear desde ti mismo. No es necesario que sepas diseñar, ni siquiera que tengas gusto. Pero sí es necesario que sepas lo que quieres y se lo puedas transmitir a un constructor de marcas para que la diseñe desde ti (no desde él).

Si crees que puedes sustituir esta forma de creación por lo que obtengas de un anuncio de logos a 100 o un *template* de Wordpress que está siendo utilizado por miles de personas como tú, cierra este libro, tíralo al suelo, písalo y vete con los tuyos. No estamos en la misma frecuencia.

Una de mis pasiones es fotografiar texturas. Cuando uso una textura en el fondo de uno de mis diseños, la mayoría de la gente ve una textura en el fondo, por ejemplo, de una web o de una memoria corporativa. Pero no es esto. Esa textura puede ser de la pared del Museo del Holocausto de Jerusalén, de una boca de metro del Bronx, de la soledad de una noche en Atocha, de un cuenco tibetano, de tantas cosas, de tantos momentos, de tantas emociones. Darte esa textura es darte parte de mí, de un momento que viví, de su energía. Es un regalo.

Mi marca son dos letras E y B (Ecequiel Barricart) construidas a partir de los dos trigramas que componen el hexa-grama «Chien» (Creatividad) del I Ching o Libro de las Mu-taciones. Es posible que esto no te diga nada, es posible que para ti sean solo siete rayas; pero para mí es recordarme que la vida es crear, que hay que hacerlo desde el vacío de tu natu-raleza, desde el yo interior, desde el amor. He necesitado toda mi vida para «juntar» estas siete rayas, solo eso.

A diario veo personas y proyectos que no cuidan el diseño de su marca, ni el de las herramientas que van a utilizar para sedu-cir a su mercado. Creo sinceramente que es un error. El mensaje que están lanzando es que ni ellos mismos se la creen; que les da igual el color de su bandera porque a las primeras de cambio, en cuanto aparezca el enemigo, van a echar a correr; que son mediocres; o que están probando a ver si suena la flauta.

Esto último ocurre muy a menudo en el mundo de las *startups* o de los nuevos gurús. El afán de pegar un pelotazo rápido, emulando a sus héroes de silicio, los lleva a nacer desde la superficie y, por tanto, a no dar la importancia que tiene a la representación estética de su marca. «Total, si no funciona, eso que me he ahorrado».

—Hola, soy gurú, puedo venderte una conferencia sobre el cambio climático.

# HOLA, SOY GURÚ.

—No me interesa.

—Hola, soy coach, ¿hablamos de tu gestión del tiempo?

—Pero ¿tú no eras el gurú de antes?

—Sí, es que soy emprendedor...

—¿Eres tonto?

—¿Te hago una web?

Silicon Valley es la madre de esta cultura del prototipado, que yo comparto, pero hasta cierto punto. Una marca creada desde el interior no puede ser especulativa.

La cultura emprendedora de San Francisco imprimió al mercado una velocidad creativa intratable. Cada día miles de personas buscaban y obtenían soluciones innovadoras al nuevo paradigma tecnológico que representaba internet, y esto hacía que no repararan en nada más allá de lo propiamente funcional. Si no eras el primero en sacar al mercado el juego adictivo del momento, mientras dormías, los del cuarto de al lado que sufrían de insomnio lo colgaban y tus ocho horas de sueño te habían costado millones de dólares.

Estos tiempos ya han pasado. El *boom* de «si parece raro» se vende, el todo es innovación si lo cuelgas rápido de la App Store ha pasado a mejor vida. Hoy cada marca o proyecto requiere de un tiempo más largo de maduración y de un posicionamiento conceptual y narrativo mucho más poderoso que antes para alcanzar el mismo éxito. Digamos que el tiempo sigue siendo una variable, pero no «la variable».

Hoy el mercado y los inversores necesitan confianza. Y en el capítulo de la confianza es fundamental que tu puesta en escena o la de tu proyecto sea impecable. Nadie va a invertir en una idea que no seas capaz de demostrar que puede llevarse a cabo. Por ello, cuanto más finalizado esté tu prototipo, más posibilidades tendrás de cruzar la línea que separa lo increíble de lo creíble. Y si cuidas su presentación, su diseño e intención estética, mayores serán las posibilidades de diferenciarte del resto y comunicar a un inversor que no va a invertir en una casualidad, sino en algo que lleva implícita toda tu atención.

En definitiva, si has nacido desde tu naturaleza y tienes la intención de quedarte, preocúpate de que el envoltorio de tu marca esté alineado con tu concepto y narrativa, de lo contrario puede que parezcas un bluf y/o que además lo seas.

En un mundo líquido donde la credibilidad es uno de tus mayores activos, la intención estética lo es todo. Máxime cuando cualquiera puede descargarse un *template* gratuito que dé el pego y ponerse a intentar vender motos.

## DEL RUIDO NACERÁN ESFERAS

Cuando empezó Twitter, lo tachaban de «buenista».

—La vida es estupenda @Josean
—Fantástico pensamiento @Marcos #crack
—Tú sí que eres un #crack @Josean #monstruo
—No, tú más #fenómeno @Marcos #crack #monstruo
—Qué va hombre, #champion @Josean #crack #monstruo #fenómeno
—Cómo eres #figura @Marcos #crack #monstruo #fenómeno #champion
—Qué #grande @Josean #crack #monstruo #fenómeno #champion #figura

—Qué #bueno @Marcos #crack #monstruo #fenómeno #champion #figura #grande

Y así hasta el infinito...

Nos permitíamos conversaciones que a veces rayaban el absurdo, pero que a mí me gustaban. Existía una especie de etiqueta que tenía una energía positivista y de buenrollismo que te hacía evadirte de la realidad cotidiana, en la que con la misma persona actuábamos curiosamente de otra manera muy distinta, sin esa etiqueta.

Para mí hubo un momento de inflexión en las redes y este fue cuando los partidos políticos cayeron en la cuenta de que además de frikis, en internet había humanillos normales, es decir, votantes. De la noche a la mañana los partidos políticos crearon sus perfiles oficiales, su guardia pretoriana y seguidores más fieles tomaron posiciones y surgieron un montón de trols para, de forma anónima, defender sin mojarse lo que de forma oficial no podían.

A los partidos le siguieron las empresas, que de forma orgánica empezaron a tomarse en serio el patio y la gente que lo poblaba, poniendo a trabajar a sus *Community Managers* para intentar comunicarse con mayor o menor acierto con sus consumidores: «había que estar donde estaba tu mercado».

Poco a poco el usuario observaba esto y empezaba a advertir cuál era su «poder» en virtud de su condición líquida, y de que este poder se medía en *followers*, amigos, fans, etc. Algo que era relativamente sencillo de conseguir. En este momento todo cambió.

Comenzó «EL RUIDO». Para ejercer el poder que te daba la red, los perfiles personales, profesionales o de cualquier tipo acumularon seguidores o fans a sus respectivas comunidades a destajo. Ya no se contentaban con su primer aro de influencia, ahora la cuestión era tener muchos, miles, aunque fueran a peso (véase la cantidad de sitios en internet que ofrecen la posibilidad de comprar «adeptos» por pocos euros).

El muro de conversación se convirtió en un lugar caótico donde se mezclaban puristas que viralizaban contenidos profesionales, debates políticos a cuchillo, ofertas de todo tipo, *fakes,* gurús de cualquier o todas las cosas, frases de autoayuda, trols graciosos, trols pesados; piedras y diamantes en un mismo lugar donde a veces era complicado distinguirlas. Esto pasó y es donde ahora nos encontramos.

Sin embargo, hoy, y pese a todo este ruido, internet sigue siendo el mejor lugar para construir con éxito tu marca personal. Es el lugar más alucinante que existe para expresarte y alcanzar visibilidad y *feedback* en tus relaciones profesionales y personales. Para dejar de ser un escupitajo y alcanzar el caudal necesario que necesita tu río.

El posicionamiento y credibilidad de tu marca, son dos de los factores más importantes para poder destacar por encima del ruido.

Seguir tu línea argumental, sin despistarte, y demostrar día a día que tu narrativa es de verdad, para ir ganando fieles a tu causa de forma orgánica.

Pienso que en un tiempo no muy lejano el universo de internet mutará a «Esferas de interés» para huir del ruido. Comunidades cerradas en la Red donde se congregarán perfiles que se unan en virtud de sus intereses varios:

• Intereses conversacionales: El anonimato no existirá en las Esferas, sus integrantes conversarán en un espacio con reglas de etiqueta donde cada cual se responsabilizará de sus discursos y de sus actos. Las conversaciones y los contactos se establecerán siendo mucho más productivos, dado el alineamiento de los intereses comunes y la compatibilidad del conjunto de sus miembros.

• Intereses comerciales: la homogeneidad de los perfiles de la Esfera a la que pertenezcas se pondrá de acuerdo para hacer propuestas de compra conjunta. Coches, seguros de hogar, planes de telefonía, garbanzos... Será la Esfera la que se dirija a las marcas directamente y no a la inversa, marcando sus reglas de juego y precio en virtud de la fuerza de compra del colectivo. «¿A cuánto me pone la lavadora? Necesitaría unas 34 519».

• Intereses de ocio: La Esferas definirán el ocio de la comunidad y se lo ofrecerán masticado. Destinos turísticos, hoteles, vuelos, parques, junglas, spas..., todo pensado para el perfil y naturaleza de sus integrantes, todo pensado para que no tengan que pensar, y a precio de Esfera claro: «Sí, sí, 15 730 pases para Disney París. No, no, ya le digo yo el precio».

• Intereses en contenidos: Se crearán packs con un *target* perfectamente definido para el que la Esfera comprará contenidos —llámense noticias, series, documentales, encuentros deportivos— y los difundirá a través de su propia plataforma de contenidos. Los medios tradicionales desaparecerán y habrá empresas de generación de contenidos para Esferas.

• Intereses políticos: los «ciudadanos esfera», sabedores de su poder grupal, harán de su Esfera un *lobby* que negociará y presionará para defender su posición en el ámbito no virtual. Ámbito que circunscribirán exclusivamente a sus intereses como Esfera y no a una ideología política concreta o a un país. Internamente, las Esferas se regirán por el sentido «común», entendido como del «bien común», para gestionar su ecosistema, nada de política.

• Otros intereses: todos, es un cambio de paradigma.

«Esfera» es una visión personal, obviamente puede que como tal no sea más que eso y el futuro pase por ser otra cosa. Sin embargo, si yo tuviera los recursos económicos necesarios, sin duda, me pondría a trabajar en la creación de la primera Esfera; seguro.

# PARTE 5

# UN POEMA, LA VERDAD Y LA MENTIRA

## UN POEMA

Tengo un garaje al lado
de un rascacielos.

Tenía (el rascacielos)
escaleras de incendios para escapar
y escaparates para entrar.

Cientos de veces he roto mi cabeza
en sus cristales
deslumbrado por el neón
porque he querido entrar,
era pura ilusión sin freno.

Terminé entrando
y muchos también,
que ahogados, no salieron.

Yo rompí los tacones
en sus escaleras de incendios
y acabé tomando el té
en el bar de la gasolinera,
que no era Repsol
porque no era de nadie.

A mi corazón solo le sientan bien
las rayas de pasión,
no de Coca Cola.

## LA VERDAD Y LA MENTIRA

Las marcas, en muchos casos, son escaparates de neón en-
chufados a una máquina de hacer dinero. Después de hacer
marcas de todos los tipos y colores, me he dado cuenta de
que solo existen las marcas de verdad o las de mentira. Y que
las de verdad son aquellas que, más allá del dinero, surgen de
una verdad intrínseca a su naturaleza.

No te adhieras nunca a la mentira, ni mucho menos bases
tu marca en ella. La mentira puede habitar en la intención de
manipular un mercado o en la idea que te vendes a ti mismo
para justificar que eres un mediocre. Ambas tienen un coste
demasiado alto en tu vida y ambas te alejarán del camino de
la felicidad. Obviamente, con la mentira, además, nunca podrás ser dios y crear un mundo en el que te guste vivir.

Cuando me cuentan un proyecto, solo me preocupo de
advertir si es un proyecto de verdad o de mentira. Lo demás

# SIN CONCEPTO NO HAY ALMA, NO HAY MARCA.

es accesorio, subsanable. Lo que no se puede conceptualizar nunca es la mentira, y sin concepto no hay alma, no hay marca. Te he dicho que tu plan estratégico debe basarse en objetivos alcanzables, sin embargo, añadiré que prefiero que luches por un sueño a que vivas confortablemente en la mentira alcanzable.

No entiendo el significado del poder actual. Es decir, no entiendo que las marcas que tienen el poder no lo utilicen para colaborar en la creación de un mundo mejor. La mayoría de los casos de éxito de todos los másteres en las escuelas de negocios o libros de *management* hablan de la cuenta de resultados económicos de las empresas como modelo de éxito. Yo me descojono.

No concibo un éxito superior que el de poder mejorar el mundo a través de tu actividad. Y esto no depende exclusivamente del dinero, sino de cómo lo has conseguido y de qué vas a hacer con él. Decir que la multinacional de turno ha repartido millones de euros en su ejercicio del año entre sus accionistas me parece la primera parte de la ecuación. La segunda es qué más han hecho aparte de eso. Cuál es la utilidad social de su cuenta de resultados para sus trabajadores, clientes, proveedores, accionistas y demás. Qué han hecho, en definitiva, este ejercicio, para que su existencia sea valorada en términos de AMOR.

—Es que en mi Excel no hay una casilla para el amor.
—¡Pues ponla! De lo contrario tu empresa solo será una máquina de hacer dinero en un mundo donde las personas cada vez tendrán menos sentido, en favor de la masa unicelular.

Tener una marca sustentada en la especulación de un mercado unicelular es competir en un mundo donde la diferencia la marca siempre el precio y no el valor añadido del producto. Y esto pone fecha de caducidad a las empresas, porque, simplemente, cuando nazca otra «marca de mentira» que lo haga igual de mal que tú pero un poco más barato, la masa pasará de ti y cerrarás, punto.

Muy pronto las marcas deberán buscar un posicionamiento en el mercado basado en el valor añadido y social de su producto para subsistir. De lo contrario, el sistema no pervivirá o el mundo será un sitio plagado de logos, que no de marcas, con lo que eso conlleva.

La marca desde su concepción interior es la respuesta. Personas y empresas que busquen impactar en el mundo con un producto de calidad basado en el valor añadido y con una base de utilidad social. Marcas que amen de forma incondicional lo que hacen y quieran empaquetarlo para que las personas lo puedan disfrutar también. Marcas que generen riqueza porque construyen un ecosistema digno para todos los que conforman la cadena de valor de su producto. Marcas que dejen huella por encima de su cuenta de resultados en la vida de sus fieles, que no accionistas, ni clientes.

«Sal a bailar», enfréntate a ti mismo y sé tú una de estas marcas. Ofrécete al mundo: como eres, de forma incondicional, de verdad, sin artificios... No te preocupe que piensen que estás loco, no te preocupe ir contracorriente, de hecho, ve contracorriente.

Tu naturaleza es fluir, construir un río, ayudar a que este mundo tenga argumentos para su continuidad. El secreto de poder hacerlo ya te lo he contado, lo llevas dentro, es crear tu marca desde tu yo interior, desde la bondad que habita tu alma. Este amor nos hará invencibles, este amor finalmente cambiará el mundo. No dejes que nadie te haga vivir contra esta creencia.

Si metes el agua en un vaso dejará de ser río, y tu naturaleza es fluir, amigo.

Suena *Make you feel my love* de Adele en Spotify: «No hay nada que no pudiera hacer, iría a los confines de la tierra para hacerte sentir mi amor...».

10VE
Ecequiel Barricart